CHUVA ABUNDANTE

Prefácio por Bill Johnson

CHUVA ABUNDANTE
Como podemos transformar o mundo que nos cerca

KRIS VALLOTTON

EDITORA VIDA
Rua Conde de Sarzedas, 246 — Liberdade
CEP 01512-070 — São Paulo, SP
Tel.: 0 xx 11 2618 7000
atendimento@editoravida.com.br
www.editoravida.com.br
@editora_vida /editoravida

CHUVA ABUNDANTE
©2010, Kris Vallotton
Originalmente publicado nos EUA
com o título *Heavy Rain*
Copyright da edição brasileira ©2013, Editora Vida
Edição publicada com permissão de Gospel Light
Publications, Inc. (Ventura, CA 93006, EUA).

■

Todos os direitos desta tradução em língua portuguesa são reservados por Editora Vida.

PROIBIDA A REPRODUÇÃO POR QUAISQUER MEIOS, SALVO EM BREVES CITAÇÕES, COM INDICAÇÃO DA FONTE.

■

Scripture quotations taken from *Bíblia Sagrada, Nova Versão Internacional, NVI* ®
Copyright © 1993, 2000 by International Bible Society ®.
Used by permission IBS-STL U.S.
All rights reserved worldwide.
Edição publicada por Editora Vida, salvo indicação em contrário.

Editor responsável: Marcelo Smargiasse
Editor-assistente: Gisele Romão da Cruz
Tradução: Juliana Kummel
Revisão de tradução: Josemar de Souza Pinto
Revisão de provas: Sônia Freire Lula Almeida
Diagramação Karine P. dos Santos
Capa: Arte Peniel

Todas as citações bíblicas e de terceiros foram adaptadas segundo o Acordo Ortográfico da Língua Portuguesa, assinado em 1990, em vigor desde janeiro de 2009.

1. edição: jan. 2013
1ª reimp.: mar. 2020
2ª reimp.: nov. 2024

Dados Internacionais de Catalogação na Publicação (CIP)
(Câmara Brasileira do Livro, SP, Brasil)

Vallotton, Kris
  Chuva abundante : como podemos transformar o mundo que nos cerca / Kris Vallotton ; [tradução Juliana Kummel]. — São Paulo : Editora Vida, 2012.

  Título original: *Heavy Rain : How You Can Transform The World Around You*
  ISBN 978-85-383-0266-7

  1. Apostolado (Teologia) 2. Igreja e o mundo 3. Renovação da Igreja - Igrejas Pentecostais I. Título.

12-13401   CDD-262.1

Índices para catálogo sistemático:
  1. Igreja e o mundo : Cristianismo 262.1

*"Nos últimos dias, diz Deus,
derramarei do meu Espírito sobre todos os povos."*

Atos 2.17

Sumário

Prefácio por Bill Johnson 9

Agradecimentos 13

Introdução: A oração 15

1. Reformando a Igreja... 19

2. O início da era apostólica....................................... 55

3. "Sr. Gorbachev, derrube este muro" 74

4. Coragem desmedida 99

5. Na terra dos gigantes.. 134

6. Ferro com ferro se afia 154

7. Visão que conquiste os corações............................. 170

8. Impregnando o Universo 191

9. Um mundo maravilhoso 215

Prefácio

Os discípulos esperavam que Jesus estabelecesse seu reino na terra a qualquer momento. Contavam com aquele que podia multiplicar o alimento e curar os doentes para pôr Israel de volta na devida posição de influência que um dia desfrutara com os reis Davi e Salomão. Então, cidades e nações viveriam o cumprimento da tão esperada promessa sob o glorioso reino do Messias. Esse pensamento capturou a atenção dos discípulos de tal forma que estavam competindo por honras, muitas vezes até usando a própria mãe para tentar persuadir Jesus da importância deles em seu reinado. Eles estavam focados em um acontecimento que iria lançá-lo ao papel de rei. Havia um erro no pensamento deles e, portanto, nas suas expectativas, por isso Jesus lhes contou uma história — uma parábola (v. Lucas 19.11-17).

Ele lhes contou sobre um nobre que deu uma mina (uma quantia de dinheiro) para cada um de seus dez servos. Eles deveriam investir o dinheiro e obter lucro para seu senhor a fim de que ele, ao retornar de uma viagem, recebesse os rendimentos. Quando o senhor regressou, o primeiro servo relatou que a mina do amo rendera-lhe mais dez minas. Então, o nobre fez algo muito incomum. Ele disse ao servo que o encarregaria de administrar dez cidades. Em um instante o servo fiel passou a ser governador.

Essa parábola respondeu pelo menos a duas questões que os discípulos não compreendiam claramente. A primeira é que eles

10 · CHUVA ABUNDANTE

estavam esperando um evento repentino que fizesse de Jesus governante de cidades e nações, enquanto Jesus os levou ao processo de mordomia. Falando de maneira simples, Jesus os ensinou que administrar corretamente o que Deus põe em nossas mãos aumenta nossa influência sobre a humanidade — principalmente cidades. Segundo, revela como conseguimos promoção pessoal: pela fidelidade em fazer qualquer coisa que Deus nos atribua. Passar de servo a governador é uma promoção considerável. E, quando essa promoção traz a influência do Rei dos reis por meio desse servo a toda uma cidade, vemos uma manifestação prática do Reino na terra.

Essa história revela como pode ser simples o assunto do Reino. Essa é a mensagem de *Chuva abundante*.

Meu querido amigo e autor Kris Vallotton fez um grande trabalho capturando o coração de Deus para com a igreja nestes últimos dias. Você não encontrará gráficos, previsões sobre o anticristo, discussões sobre a tribulação nem qualquer outro desses assuntos polêmicos. Em vez disso, este é um livro sobre o coração, o coração de Deus. Essa descoberta é o que molda nossa atitude, foco e prioridades, mais do que qualquer outra coisa. É isso que me empolga neste livro: Kris se volta para aquilo que é nossa responsabilidade, não para o que desperta a curiosidade. Suas ideias são coerentes com o tema do evangelho de que "tudo o que não provém de fé é pecado". Precisamos estar atentos a qualquer ensino dos últimos dias que não necessite de fé para obter o que Deus promete.

Muitos anos atrás, ouvi um homem de Deus dizer que sempre que o Diabo e suas obras estão evidentes é porque ele foi forçado a se expor. O Diabo prefere estar escondido nos últimos bancos da igreja. Tornar-se óbvio não é a melhor cartada.

É a cartada final. Se já ouvi uma analogia que se ajusta ao tempo em que vivemos, é essa.

Vivemos uma época em que parece que o mal deste mundo está se tornando mais declarado, ao mesmo tempo que a glória de Deus na Igreja também está sendo demonstrada de maneiras mais óbvias e gloriosas. Dick Joyce, um profeta e querido amigo do Kris e meu, certa vez compartilhou uma palavra profética mais ou menos assim: "Do mesmo jeito que um joalheiro coloca um pedaço de veludo preto no balcão em que exibirá suas preciosas joias, assim o Senhor está usando a escuridão das circunstâncias do mundo como pano de fundo para mostrar sua glória na Igreja". Para mim, essa palavra ajuda a aliviar a tensão que enfrentamos toda vez que discutimos sobre os últimos dias — escuridão e luz, ambas aumentando.

Precisamos aprender a ser pessoas de grande esperança, apesar da situação do mundo. Jesus sempre tem um plano vitorioso. Cabe a nós descobrir e pôr em prática esse plano. *Chuva abundante* com certeza terá um papel significativo ao liberar o povo de Deus para seu papel glorioso nestes dias gloriosos.

BILL JOHNSON
Líder sênior da Bethel Church
Autor de *Quando o céu invade a terra* e *Face a face com Deus*

Agradecimentos

Kathy: Você é a mulher dos meus sonhos e minha melhor amiga. Obrigado por acreditar em mim quando falhei tão lamentavelmente e por lembrar-me de quem sou em Deus.

Mãe: Obrigado por me amar e apoiar durante toda a minha vida.

Vovô: Você me ensinou a ser homem e me amou quando meu pai morreu e eu tinha 3 anos de idade. Embora você esteja agora com o Senhor, sua vida ainda sobrevive em mim.

Jaime e Marty: Amo tanto vocês dois. Tenho muito orgulho de que sejam parte de meu legado. O encorajamento de vocês na minha vida foi inestimável. Vocês são excelentes líderes.

Shannon e Cameron: Amo vocês. Vocês me inspiram a crer em Deus pelas pessoas cujas mães as lançaram fora. Vocês fizeram um trabalho maravilhoso pastoreando Mountain Chapel, o lugar onde todo este movimento começou.

Jason: Amo sua sabedoria na minha vida. Sua percepção do Reino não é nada menos que sobrenatural. Muitas vezes, sua força me encorajou a prosseguir em tempos difíceis. Amo você, filho.

Gene: Você nos inspira a todos com sua sabedoria. Sua capacidade de superar obstáculos impossíveis encoraja-me a tocar outros com o amor de Deus. Estou orgulhoso de você, filho.

Bill e Beni: Servir a Deus com vocês é um sonho que se realizou. O exemplo de vocês na minha vida e no Corpo de Cristo inspirou-me a escrever este livro.

Bill Derryberry: Sua vida é uma inspiração para mim. Seu amor trouxe-me integridade.

Danny, Dann, Charlie e Paul: Vocês me ajudaram a moldar minha vida, minhas ideias, meu destino. Amo vocês de todo o coração.

Equipe Bethel: Uau! Vocês são incríveis! É um privilégio servir com todos vocês.

Introdução

A oração

Em meio à era mais escura da história humana, Jesus Cristo teve a audácia de nos ensinar uma oração tão poderosa que desafia a razão humana. Suas palavras, ditas contra um pano de fundo de intensa adversidade, seriam para sempre lembradas como a Oração do Pai-nosso. Em meio à opressão romana, com o reino do perverso imperador Nero às portas, Jesus se voltou a sua brigada esfarrapada de guerreiros espirituais e disse: "Orem para que venha o Reino de Deus e a sua vontade seja feita na terra, assim como é feita no céu". Seria essa oração um tipo de sonho impossível, uma oração destinada a ser repetida por bilhões de pessoas, mas apenas experimentada por alguns em uma eternidade distante? Não, não acredito que seja! Penso que Jesus de fato esperava que crêssemos que podemos trazer o céu à terra.

Entretanto o Planeta parece estar gemendo sob a intensa pressão da iminente destruição. Hoje, uma pessoa comum está exposta a mais más notícias em uma semana do que alguém há cem anos ouviria durante toda a vida. A terra está erodindo, ou está evoluindo? O aquecimento global é o início do tremendo calor que reduzirá nosso mundo a uma rocha inflamada girando desesperadamente pelo espaço? O mal finalmente triunfará sobre o bem, deixando o terrorismo destruir o justo, violar o inocente e saquear

16 • CHUVA ABUNDANTE

nossas crianças? Algum ditador louco irá finalmente apertar o botão e lançar-nos no esquecimento? Essas são as grandes indagações do nosso tempo. Essas ameaças oprimem a alma, exigindo respostas reais. Intensificando ainda mais o senso de urgência, o futuro dos nossos filhos depende de acertarmos.

Quando o céu invade a terra

Penso que todos concordam que precisaremos de uma grande quantidade de milagres para ver a Oração do Pai-nosso respondida e nosso destino cumprido. Em seu *best-seller Quando o céu invade a terra*, Bill Johnson chama o Corpo de Cristo de volta a suas raízes sobrenaturais. O autor desafia cada cristão a andar em sinais e maravilhas como Jesus descreveu tão claramente na Bíblia, por exemplo, no evangelho de Marcos:

"Quem crer e for batizado será salvo, mas quem não crer será condenado. Estes sinais acompanharão os que crerem: em meu nome expulsarão demônios; falarão novas línguas; pegarão em serpentes; e, se beberem algum veneno mortal, não lhes fará mal nenhum; imporão as mãos sobre os doentes, e estes ficarão curados" (Marcos 16.16-18).

Jesus nunca pretendeu que os milagres fossem um fim em si mesmos, mas, pelo contrário, um convite a um reino superior, um catalisador para a transformação cultural. Jesus disse à cidade de Cafarnaum: "[...] Se os milagres que em você foram realizados tivessem sido realizados em Sodoma, ela teria permanecido até hoje" (Mateus 11.23). A mensagem do nosso Senhor é clara: o objetivo da manifestação de milagres é trazer avivamento ao mundo.

Há algumas pessoas que nos querem lembrar que Jesus pronunciou julgamento sobre as três cidades que não se arrependeram no Novo Testamento. Gostaria de destacar alguns pontos sobre os julgamentos de Jesus. Em primeiro lugar, as únicas cidades que Jesus repreendeu foram cidades que testemunharam seus incríveis milagres. Quando as pessoas experimentam as manifestações sobrenaturais do Reino de Deus — quando, por exemplo, os mortos são ressuscitados, os cegos recebem visão, os coxos andam, leprosos são purificados e pessoas são libertas de demônios —, elas vivenciam o contraste de dois reinos. É isso que lhes proporciona oportunidade de arrependimento. Uma igreja que não manifesta as obras miraculosas de Jesus falha em dar ao mundo essa oportunidade e, portanto, não tem direito de julgá-lo por sua reposta.

Sem milagres, o Reino de Deus é reduzido a palavras, conceitos bíblicos e boas obras. Vistos por meio desses paradigmas, clubes como Lions, Rotary e Moose geralmente são os que estão brigando pelo primeiro lugar. Essas coisas são importantes, mas é essencial que demonstremos o poder do nosso grande Rei para que a distinção entre trevas e luz seja evidente e a Oração do Pai-nosso possa ser respondida.

Há mais uma coisa que quero salientar no que diz respeito aos julgamentos de Cristo. Faz sentido que um Salvador sem pecados, que opera milagres, criador de todo o mundo, um homem que não precisa de misericórdia, possa ter interesse sobre o destino das cidades. Por outro lado, pessoas como nós, que entraram no Reino por causa das costas chicoteadas e das mãos feridas pelos cravos (não por nossas próprias obras), deveriam ser um pouco mais pacientes com os que ainda estão perdidos na escuridão! Você não acha?

Mais do que milagres

Os milagres que teriam transformado Sodoma, Tiro e Sidom aconteceram realmente em Cafarnaum, Corazim e Betsaida, e mesmo assim essas cidades não foram transformadas! Talvez por isso Jesus tenha dito: "Aquele que crê em mim fará também as obras que tenho realizado. Fará coisas ainda maiores do que estas, porque eu estou indo para o Pai" (João 14.12). Sem cristãos manifestando os milagres de Jesus, o Planeta continuará a se deteriorar em densas trevas que desafiam a compreensão. A população será reduzida a um depósito de obras demoníacas, deixando que a desesperança encubra a terra com uma grossa nuvem escura.

Portanto, é verdade que atuações sobrenaturais são um componente importante do avivamento, mas milagres sozinhos nem sempre levam à transformação de uma cidade, como Jesus declarou tão bem nos Evangelhos. Portanto, a pergunta permanece: *Como* o céu invade a terra de forma que a terra se torne como o céu? Esse é o assunto deste livro. Que o próprio Senhor possa encontrar-se com você nas páginas deste livro e o comissionar a transformar o mundo.

CAPÍTULO 1

Reformando a Igreja

Burocracia é como instalar um andaime ao redor de uma casa

para pintá-la e, em vez disso, pintar o andaime por

vinte e cinco anos até que a casa finalmente cai.

PAUL MANWARING

Campo dos sonhos

A Igreja é a agência de Deus encarregada da transformação do mundo. O Corpo de Cristo, porém, precisa de mais uma reforma para ser fonte de vida para este mundo de trevas e opressão. A reforma de que necessitamos é descrita na parábola dos dois irmãos que tomaram decisões diferentes, mas chegaram ao mesmo resultado — separação do Pai. Para alguns de nós, a transformação acontecerá quando, assim como o filho pródigo, deixarmos a fazenda de porcos do pensamento empobrecido e formos renovados pelo amor radical do Pai. Somente assim poderemos despir os farrapos deste orfanato global e vestir o poderoso manto da família real. O Pai celestial espera em nosso campo dos sonhos, pronto para nos restaurar com a túnica da identidade, conceder-nos poder com o anel da autoridade e dar-nos seu entendimento com as sandálias da pureza. Essas sustentações nos separam da degradação do pensamento mundano e nos asseguram a verdadeira herança eterna.

Enquanto isso, de volta à fazenda, muitos de nós, assim como o irmão mais velho do filho pródigo, perdemos de vista nossa própria herança e substituímos a filiação por sacrifício e servidão. Sacrifício e serviço são atributos importantes do Reino desde que incluam e não substituam valores familiares. Se a Igreja será propulsora de proezas históricas, então devemos identificar velhos paradigmas religiosos que estão impedindo a vinda do Reino e, em seguida, ficarmos novamente ao lado do Pai para receber a colheita. Essa é uma mudança dramática no padrão de igreja em que muitos de nós fomos criados, mas essa mudança está sendo alimentada por uma época de transformação no próprio Reino dos céus. Deixe-me explicar.

O Pai celestial aguarda esperançosamente em nosso campo dos sonhos.

Deixando o denominacionalismo pelo apostolado

Em 1998, minha esposa, Kathy, e eu nos mudamos para Redding, Califórnia, para iniciar a Bethel School of Supernatural Ministry [Escola Betel de Ministério Sobrenatural]. Uma manhã, naquele mesmo ano, estava deitado no chão orando quando o Senhor falou comigo tão claramente que fiquei espantado.

— Um novo tempo está começando agora. Assim como a Reforma Protestante, outra reforma está se aproximando e ela desenterrará os próprios fundamentos do cristianismo. Esse mover do Espírito redefinirá completamente nossas ideologias e filosofias em relação ao que é a Igreja e como ela deveria funcionar — disse ele.

Reformando a Igreja • 21

— Como será essa transição? — perguntei.

— Minha igreja está deixando o denominacionalismo pelo apostolado — ele respondeu.

Na verdade, não tinha ideia do que ele estava falando, por isso perguntei qual era a diferença entre denominacionalismo e apostolado. Ele explicou que no denominacionalismo os cristãos se unem ao redor da doutrina e se dividem quando discordam. No apostolado, os cristãos se reúnem ao redor de pais, mães e famílias. E acrescentou: "Estou prestes a abrir as comportas do céu e revelar profundezas da minha glória que nunca foram vistas ou compreendidas por qualquer ser vivente". Explicou que essa glória seria revelada à Igreja e por meio dela nesta nova época. Então, afirmou: "Se derramar uma nova revelação no odre do denominacionalismo, o odre se romperá e o vinho será perdido" (v. Lucas 5.37-39).

O Senhor empregou o termo "denominacionalismo", não "denominações". O "ismo" denota uma ideologia, como em comunismo, socialismo ou humanismo. Essas ideologias estão edificadas sobre distorções da verdade. São mentiras patrocinadas por um plano diabólico, gerando opressão onde quer que ganhem influência. Estou pessoalmente convencido de que o "ismo" do denominacionalismo é um espírito maligno! E está tão vivo em igrejas não denominacionais e em algumas estruturas apostólicas como está em igrejas denominacionais.

FOMOS DENOMINADOS PROTESTANTES PORQUE NASCEMOS DE UM PROTESTO DOUTRINÁRIO.

É fácil ver que as denominações cresceram por meio da divisão, enraizadas na Reforma Protestante do século XVI. Fomos denominados protestantes porque nascemos de um protesto doutrinário (a palavra originariamente significava "protestação", mas logo assumiu o significado de *protestador*), que persiste até hoje.

Tanto a Reforma Protestante como os movimentos que se originaram dela enfatizam uma concordância doutrinal acima dos relacionamentos. Essa prioridade criou uma cultura que ameaça constantemente dividir as pessoas do ponto que as une. Embora muitos cristãos admitam que se paga um alto preço por relacionamentos feridos e divisões na igreja, a mentalidade denominacional os leva a concluir que para evitar que isso aconteça é preciso encontrar formas de reforçar a conformidade doutrinal a fim de que não surjam desentendimentos. Assim, o denominacionalismo também cria uma cultura que critica qualquer um que pense diferente da tradição e teme desesperadamente a inspiração.

Os líderes sob esse espírito têm mais fé no poder do Diabo para enganar os cristãos do que na capacidade do Espírito Santo para conduzi-los a toda a verdade. Pastores do denominacionalismo resistem ao pensamento revelador, pois entendem que novas ideias semeiam discordância, e a discordância ataca o sistema nervoso central de suas igrejas.

Geralmente, refiro-me a "nações divididas" do *denominacionalismo* em referência ao modo pelo qual esse espírito infectou e limitou nossa capacidade de discipular as nações. Somos chamados a discipular as nações, não a dividir as pessoas.

A Igreja católica

Podemos ampliar nossa visão contrastando o movimento protestante com a Igreja católica, que é a mãe da Igreja. Vamos fazer um pequeno teste: Quantas vezes a Igreja católica se dividiu nos últimos dois mil anos? A resposta correta é *três vezes!* Quantas vezes a igreja protestante se dividiu desde a Reforma? Está bem, vou fazer uma pergunta mais fácil: Quantas vezes a Igreja protestante se dividiu neste mês? Certo, mais uma pergunta: Como a Igreja católica chama os líderes de suas igrejas locais? A resposta certa é *padre!*[1] Está compreendendo? O apóstolo Paulo considera isso da seguinte forma: "Embora possam ter dez mil tutores em Cristo, vocês não têm muitos pais, pois em Cristo Jesus eu mesmo os gerei por meio do evangelho" (1Coríntios 4.15).

Na década de 1960, os padres católicos pregavam em latim! É muito fácil perceber que os católicos não iam à igreja para ouvir uma grande pregação, pois muitos deles provavelmente nem mesmo compreendiam a língua. Como protestantes, compreendemos as desvantagens de não pregar a Palavra, e aprecio isso. Mas por que os católicos vão à igreja? Sugiro que eles não vão porque concordam, mas porque são leais a uma família.

Será possível que, ao se voltarem os protestantes contra a má doutrina à custa dos relacionamentos, se sujeitaram a outra maldição igualmente tão destrutiva? (Algo para pensar a respeito.)

SERÁ POSSÍVEL QUE, AO SE VOLTAREM OS PROTESTANTES CONTRA A MÁ DOUTRINA À CUSTA DOS RELACIONAMENTOS, SE SUJEITARAM A OUTRA MALDIÇÃO IGUALMENTE TÃO DESTRUTIVA?

Processando o conflito

Todos nós falamos com um sotaque, embora muitas vezes não percebamos até estarmos com alguém que fale com um sotaque diferente do nosso (e, com certeza, todos temos a tendência de pensar que a outra pessoa é que tem sotaque). O que a maioria de nós não

---

[1]   Em inglês a palavra é father (pai). [N. do T.]

24 • CHUVA ABUNDANTE

percebe é que também *vemos* com um sotaque. Esse sotaque visual é um tipo de preconceito de processamento — uma lente — que molda a visão do mundo, do Reino e da Bíblia, fazendo-nos ver as coisas não *como são*, mas *como acreditamos que são*. Assim, ao vivermos a fé e lermos a Bíblia, procuramos e esperamos ver aquilo que valide o que já acreditamos. Em outras palavras, tendemos a ver apenas o que estamos *preparados* para ver.

Recentemente, o dr. Lance Wallnau, professor e escritor respeitado, esclareceu-me esse ponto em uma conferência. Ele colocou um barril com bandeiras multicoloridas no palco e nos deu trinta segundos para contar todas as bandeiras douradas. Em seguida, instruiu-nos a fechar os olhos e nos perguntou quantas bandeiras vermelhas havia. É claro que ninguém conseguiu responder, pois tínhamos contado apenas as bandeiras douradas. Esse é um ótimo exemplo da nossa tendência a ler apenas os próprios valores, experiências de vida e preconceitos doutrinários no que a Bíblia diz. O perigo é que, às vezes, por causa da visão seletiva, fazemos a Bíblia dizer algo que não diz.

A lente do denominacionalismo se define principalmente pela prioridade de concordância doutrinária, o que exige uma visão negativa da divergência no Corpo de Cristo. Portanto, quando alguém com uma lente denominacional se aproxima das Escrituras, exige que conceitos e termos bíblicos apoiem o objetivo de eliminar a divergência, em última análise desencorajando o individualismo.

Podemos ver isso, por exemplo, na abordagem denominacional de termos como "lealdade" e "unidade". No denominacionalismo, com frequência, lealdade é redefinida como "concordar com o líder". A divergência é chamada de "deslealdade" e muitas vezes de "desrespeito". Mas a verdade é que a lealdade só é, de fato, testada quando não concordamos. Por exemplo, a lealdade de Davi ao rei Saul foi revelada não quando ele vivia na casa do rei como genro favorito, mas quando viveu no deserto como rival odiado e perseguido pelo rei. Se concordássemos com nosso líder sobre uma questão, então, de qualquer forma, faríamos o que ele quer que façamos, porque concordamos. Somente quando discordamos é que a composição do nosso relacionamento é testada.

Unidade do Espírito

A *unidade do Espírito* é outro grande exemplo de uma poderosa verdade que tem sido diminuída para significar que "todos deveríamos concordar para que o mundo creia que há realmente um Deus". Ao ver a Bíblia através das lentes do denominacionalismo, redefinimos *unidade do Espírito* para que signifique *unidade da Palavra* (concordância sobre a verdade).

AO VER A BÍBLIA ATRAVÉS DAS LENTES DO DENOMINACIONALISMO, REDEFINIMOS *UNIDADE DO ESPÍRITO* PARA QUE SIGNIFIQUE *UNIDADE DA PALAVRA*.

Vamos examinar uma das principais passagens das Escrituras sobre a unidade — a oração de Jesus registrada em João 17:

"Assim como me enviaste ao mundo, eu os enviei ao mundo. Em favor deles eu me santifico, para que também eles sejam santificados pela verdade. Minha oração não é apenas por eles. Rogo também por aqueles que crerão em mim, por meio da mensagem deles, para *que todos sejam um, Pai, como tu estás em mim e eu em ti. Que eles também estejam em nós*, para que o mundo creia que tu me enviaste. Dei-lhes a glória que me deste, para que eles sejam um, assim como nós somos um: eu neles e tu em mim.

26 • CHUVA ABUNDANTE

Que eles sejam levados à plena unidade, para que o mundo saiba que tu me enviaste, e os amaste como igualmente me amaste" (João 17.18-23, grifo nosso).

Ouvi muitas mensagens sobre unidade em que essa passagem foi utilizada para exortar os cristãos a se entenderem. Mas você notou que, contrariamente à opinião popular, a união pela qual Jesus ora não é a unidade entre os cristãos, mas a unidade entre um cristão e Deus? Observe atentamente a oração. Jesus rogou ao Pai "que todos sejam um, Pai, como tu estás em mim e eu em ti. Que *eles também estejam em nós*." É fácil presumir que "todos sejam um" se refere a ser um, um com o outro, mas Jesus define como ser um com Deus. Agora, vejamos o versículo seguinte: "[...] assim como nós somos um: *eu neles*, e tu em mim. Que eles sejam levados à plena unidade" (grifo nosso). Mais uma vez, a ênfase está em "eu neles". Em nenhum momento Jesus ora para que estivéssemos uns nos outros!

A maioria de nós não percebe que Jesus não conseguia nem mesmo que seus 12 discípulos se entendessem quando estava na terra com eles. Mas, quando lemos esses versículos com uma mentalidade denominacional, precisamos que Jesus esteja orando contra discórdias, porque, nos dias de hoje, desentendimento significa igreja dividida. Agindo assim, perdemos uma das verdades mais poderosas da Bíblia. Deus quer ser um com seu povo! A oração de Jesus em João 17 é, na verdade, uma continuação da conversa que tivera com seus discípulos em João 14. Vamos dar uma olhada:

"Quem me vê, vê o Pai. Como você pode dizer: 'Mostra-nos o Pai'? Você não crê que eu estou no Pai e que o Pai está em mim? As palavras que eu lhes digo não são apenas minhas. Ao contrário, o Pai, que vive em mim, está realizando a sua obra. Creiam em mim quando digo que estou no Pai e que o Pai está em mim; ou pelo menos creiam por causa das mesmas obras. Digo-lhes a verdade: Aquele que crê em mim fará também as obras que tenho realizado. Fará coisas ainda maiores do que estas, porque eu estou indo para o Pai" (João 14.9-12).

Jesus disse a seus discípulos: "Quem me vê, vê o Pai". Sabemos de fato que Jesus não estava dizendo que ele é o Pai, porque uma voz do céu disse: "Este é o meu Filho amado, em quem me agrado" quando ele foi batizado (Mateus 3.17). Jesus não estava falando dele mesmo! Jesus estava simplesmente afirmando que ele e o Pai são uma unidade inseparável. Por exemplo, se misturarmos tinta vermelha e azul, aparece a cor roxa. Cada vez que vemos a cor roxa, sabemos que é a manifestação dessas duas cores primárias. Mas desafio você a separá-las depois que estão misturadas. O Pai e o Filho são a manifestação de uma união celestial que transcende a racionalização humana e a explicação finita.

Jesus disse que as obras (milagres) que realizou eram sinais da presença do Pai atuando por meio dele. Isso nos diz que, embora não possamos *explicar* a natureza dessa união, podemos *experimentá-la*. Mas, espere, é ainda melhor. Jesus nos surpreende com a declaração seguinte: "Aquele que crê em mim fará também as obras que tenho realizado. Fará coisas ainda maiores do que estas" (João 14.12). Certo, agora vamos juntar tudo. Jesus orou em João 17 para que o Corpo de Cristo estivesse unido com a Deidade da mesma forma que ele está unido ao Pai. Isso significa que, quando as pessoas *nos virem, terão visto o Pai!* Portanto, se não crerem em nós por causa das nossas palavras, deveriam crer por causa das obras, pois faremos obras maiores do que Jesus fez! Esse é o tipo de unidade que fará o mundo saber que o Reino de Deus está perto dele!

> Isso significa que, quando as pessoas nos
> virem, terão visto o Pai!

A substituição do paradigma apostólico

No apostolado, os relacionamentos são uma prioridade em relação à concordância doutrinária, promovendo relacionamentos muito profundos. Apóstolos geram relacionamentos *familiares de aliança,* pois os cristãos estão ligados aos *pais e à família,* não à doutrina. Isso garante liberdade para as pessoas pensarem com criatividade, sonhar, imaginar com Deus e vivenciar a profundidade do Espírito Santo. Essa segurança relacional cria um ambiente que atrai a revelação. A própria natureza da revelação é que as pessoas alcançam novas perspectivas, revelações mais profundas e têm encontros extraordinários com o Reino sobrenatural de Deus.

> A revelação sempre foi fruto
> de relacionamentos mais do que é
> fruto de estudo intenso.

Existe divergência em culturas apostólicas; de fato se poderia dizer que a cultura até mesmo encoraja ou certamente permite essa divergência ao dar espaço à revelação. Com frequência, surgem disputas doutrinárias quando cristãos desfilam verdades renovadas que, muitas vezes, atacam antigas mentalidades tradicionais. O desafio de uma cultura apostólica é manter relações fortes, respeitosas e amorosas uns com os outros, ao mesmo tempo que lida com essas revelações.

A revelação sempre foi fruto de relacionamentos mais do que é fruto de estudo intenso. Jesus declarou: "Já não os chamo servos, porque o servo não sabe o que o seu senhor faz. Em vez disso, eu os tenho chamado amigos, porque tudo o que ouvi de meu Pai eu lhes tornei conhecido" (João 15.15). Relacionar-se com Deus como um servo mantém-nos na época da escuridão em relação a compreendermos os assuntos do Pai. Por outro lado, a amizade de Deus abre a caixa-forte celestial de seus segredos, expondo tesouros que estiveram escondidos desde a eternidade.

REVELAÇÕES DOUTRINAIS DEVERIAM SER TRANSMITIDAS NOS RELACIONAMENTOS, NÃO DESCOBERTAS NOS SEMINÁRIOS DENOMINACIONAIS.

Moisés mostrou que a revelação pertence ao contexto dos relacionamentos, ao escrever: "As coisas encobertas pertencem ao SENHOR, o nosso Deus, mas as reveladas pertencem a nós e aos nossos filhos para sempre [...]" (Deuteronômio 29.29). Quando Deus nos revela os segredos de seu Reino, eles passam a fazer parte da nossa herança hereditária que deve ser passada de geração a geração, como um negócio de família ou uma terra. Revelações doutrinais deveriam ser transmitidas nos relacionamentos, não descobertas nas instituições de pesquisa dos seminários denominacionais. Vemos isso na vida de Josué, que recebeu sabedoria transferida paternalmente quando Moisés impôs as mãos sobre ele em vez de exigir estudo árduo ou anos de experiência. Deuteronômio 34.9 diz: "Ora, Josué, filho de Num, estava cheio do Espírito de sabedoria, porque Moisés tinha imposto as suas mãos sobre ele".

Os negócios do Pai

Não estou dizendo que concordância doutrinária não seja importante na Igreja. Simplesmente não ocupa o lugar de primazia. Gosto de ilustrar a importância de ordenar corretamente nossas prioridades, observando a indústria de vendas de produtos em que duas das principais divisões do segmento têm valores fundamentais concorrentes. Há a divisão de produção que tipicamente tem como valor fundamental "zero defeito" e há a divisão de pesquisa e desenvolvimento que tem como valor fundamental a "descoberta por tentativa e erro".

Por exemplo, quando a Apple Corporation lançou no mercado o novo iPhone, o objetivo do departamento de produção era que não houvesse defeito algum nos telefones que estavam vendendo. Contudo, o departamento de pesquisa e desenvolvimento que inventou o iPhone provavelmente cometeu centenas de erros no processo de desenvolvimento do produto. Se a Apple tentasse aplicar os mesmos valores fundamentais da divisão de produção ao departamento de pesquisa e desenvolvimento, nunca inventaria produto algum, o que, por fim, resultaria em não ter nada a apresentar ao mercado e, em pouco tempo, seria levada à falência. Em outras palavras, embora essas duas divisões façam parte da mesma grande empresa, o sucesso é medido de forma muito diferente nesses dois departamentos. Os erros são o processo inevitável da invenção, mas são a morte do produto.

A prioridade da concordância no denominacionalismo cria uma política "zero defeito" que deixa pouco espaço ou espaço nenhum para o processo de descoberta que permite inovação, invenção e revelação. Quando a verdade não é processada perfeitamente na primeira vez, toda a revelação é geralmente descartada como "heresia" ou taxada de "perigosa". Um ramo do cristianismo chamado Shepherding Movement [Movimento de Pastoreio] é um grande exemplo do que estou dizendo. Esse movimento nasceu por meio de incríveis revelações e discernimento de paternidade, discipulado, autoridade e responsabilidade individual. Mas muitos de seus líderes usaram essas verdades para controlar em vez de capacitar os cristãos.

Por isso, a Igreja jogou fora toda a revelação como se fosse antibíblica, o que impediu muito o crescimento nessas áreas importantes.

Outros dois casos relevantes são os movimentos Latter Day Rain [Dia da Chuva Serôdia] e Manifest Sons of God [Manifestação dos Filhos de Deus]. Cristãos que faziam parte desses movimentos tinham certo discernimento real da verdadeira identidade dos cristãos. Mas muitos dos líderes desses movimentos começaram a usar o discernimento para promover elitismo espiritual, e toda a revelação foi condenada como herética.

A política "zero defeito" do denominacionalismo é um problema, primeiro porque estamos aplicando-a à área errada. Por assim dizer, caráter individual e relacionamento com Deus e as pessoas são coisas que pertencem ao "departamento de produção". Essas são áreas em que nos deveríamos esforçar por zero defeito. O departamento de pesquisa e desenvolvimento da Igreja inclui aplicar a verdade, experimentar com o Espírito Santo, exercer os dons, dar passos de fé, sonhar com Deus, tentar o impossível, crer no inacreditável, e assim por diante. É claro que ambos os departamentos coexistem na mesma pessoa, por isso o exemplo falha um pouco nesse aspecto.

Na realidade, devemos aprender a equilibrar as duas prioridades, risco e excelência, em todas as áreas da vida — desenvolvimento do caráter, relacionamentos e a busca por revelação. O problema é que correr riscos cria confusões, expõe falhas e, na maioria dos casos, ensina-nos o que *não funciona*. Entretanto, esse é o processo que conduz à maturidade espiritual. É essencial que o Corpo de Cristo desenvolva e adote uma atitude de risco, ou, em pouco tempo, estará comendo maná velho e bichado. Se quisermos ser a luz do mundo, então precisamos emanar entendimento avançado do Reino e parar de refletir as filosofias ultrapassadas do mundo, que em sua maioria são simplesmente mentalidades tradicionais em uma nova embalagem.

Apostolados valorizam mais o apelo da natureza do que o do circo, preferindo arriscar a vida no *habitat* natural do Reino do céu a ser um turista no ambiente artificial do zoológico espiritual.

APOSTOLADOS VALORIZAM MAIS O APELO DA NATUREZA
DO QUE O DO CIRCO.

O Reino está sempre em risco

Quando observamos atentamente o início da criação, percebemos que o próprio Deus corre riscos. Ele não fez um jardim à prova de riscos; em vez disso, plantou duas árvores ali: a árvore da vida e a árvore do conhecimento do bem e do mal. Esta poderia matar um homem em vinte e quatro horas se ele comesse seu fruto (v. Gênesis 2.17). Deus deu ao homem a chance de viver para sempre, mas somente correndo o risco da pena de morte.

Vamos dar uma olhada em outro excelente exemplo da vida arriscada do Reino. Jesus foi a uma festa de casamento com os 12 discípulos e sua mãe. Depois de festejarem bastante, o vinho acabou. Maria pressionou seu Filho para que fizesse mais vinho. (Fico imaginando como Maria teria ficado sabendo que Jesus poderia fazer mais vinho, a menos que ele tivesse feito isso em casa.) João registra o incidente em seu evangelho:

> [...] e o encarregado da festa provou a água que fora transformada em vinho, sem saber de onde este viera, embora o soubessem os serviçais que haviam tirado a água. Então chamou o noivo e disse: "Todos servem primeiro o melhor vinho e, depois que os convidados já beberam

Reformando a Igreja • 33

bastante, o vinho inferior é servido; mas você guardou o melhor até agora" (João 2.9,10). As palavras "beberam bastante" nessa passagem é a tradução da palavra *methuo* em grego. Significa estar bêbado ou intoxicado. Jesus fez vinho para pessoas que já estavam bêbadas! Deus não estava desculpando a embriaguez! De forma alguma Deus queria que as pessoas se embriagassem — a Bíblia deixa isso claro em várias outras passagens (v. Efésios 5.18; Gálatas 5.21). Mas Deus não controla as pessoas. Na verdade, ele apresenta opções e, depois, capacita as pessoas a fazerem boas escolhas. Quando fazemos a escolha correta, ele nos recompensa. Se Deus desconsiderasse nossas más escolhas, removeria a possibilidade de uma recompensa.

O denominacionalismo produz sanitização cultural ao eliminar as escolhas por meio do controle religioso. Nessa cultura, os pastores têm a incumbência de ensinar às pessoas *o que* pensar. não *como* pensar. Quando as pessoas exercitam o poder de escolha, o que quer que esteja dentro delas — bom, ruim ou feio — tem a oportunidade de se manifestar. A maioria das culturas denominacionais simplesmente não está preparada para ajudar as pessoas a encarar a realidade de quem são e capacitá-las a assumir a responsabilidade por seus problemas sem controlá-las.

Apóstolos, por outro lado, valorizam o risco, pois compreendem que a fé exige risco. Somente uma cultura guiada por uma fé que assume riscos pode produzir vida. Por conseguinte, existe um alto nível de liberdade em reuniões e culturas apostólicas, permitindo que os cristãos sejam extremamente vigorosos ou patéticos. A fim de preservar essa liberdade, culturas apostólicas desenvolvem maneiras estratégicas que capacitam as pessoas a assumir a responsabilidade por suas escolhas e limpar as bagunças. (Mais adiante falaremos sobre isso.)

34 • Chuva Abundante

Descobri que sempre podemos identificar as pessoas que cresceram no denominacionalismo, porque elas se recusam a pensar por si mesmas. Estão acostumadas que seus líderes pensem por elas. Vivenciei essa situação alguns anos atrás na School of Supernatural Ministry. O ano letivo se iniciava, e eu estava ensinando um novo grupo de cerca de cem alunos. Enquanto falava, permitia que os alunos fizessem perguntas. Nesse dia, estava exortando os alunos a correrem riscos em Deus e a não terem medo de falhar. Um jovem levantou a mão e perguntou:

— Você não está falando sobre fracasso moral, está?

— É claro que não — respondi.

Continuei lecionando, e alguns minutos depois sua mão se ergueu novamente.

— Johnny, você tem outra pergunta?

— Sim — respondeu, parecendo um pouco perdido. —Você não está dizendo que devemos fazer coisas como saltar de um telhado pela fé e ver se Deus vai nos pegar, está?

— Não! — respondi um tanto impaciente dessa vez. — E não estou tentando convencê-lo a beber refresco envenenado nem esperar por salsichas voadoras!

Johnny fez mais umas cinco perguntas naquela aula, todas na mesma linha. A cada pergunta, eu ficava mais frustrado. (Costumava dizer que não há pergunta tola. Johnny me convenceu de que estava errado.)

Por fim, completamente irritado, parei e disse:

— Atenção, todos. Prontos? Liguem o cérebro! Vocês têm permissão para pensar! Se eu disser alguma coisa que pode ser entendida de cinco formas diferentes, por favor, processem do único modo que faça sentido para um cristão.

Reformando a Igreja • **35**

Com o passar dos meses, comecei a conhecer melhor o Johnny. Descobri que crescera em um lar cristão onde seus pais sempre pensavam por ele. Para piorar as coisas, ele participava de uma igreja em que o pastor ensinava com a concepção de que seu povo era ignorante. Esse líder explicava cada ponto detalhada e metodicamente, fechando todas as portas filosóficas e teológicas erradas, como se a sala estivesse cheia de completos idiotas. Consequentemente, a mente de Johnny foi reduzida a memorizar e repetir fatos. Nunca aprendera a processar informações nem a pensar por si mesmo. O medo de estar errado aprisionara o intelecto e destruíra a imaginação.

> LIGUEM O CÉREBRO! VOCÊS TÊM
> PERMISSÃO PARA PENSAR!

Os líderes do denominacionalismo pregam para convencer as pessoas da verdade. Eles têm a impressão de que é responsabilidade deles persuadir as pessoas do que devem crer. Os líderes do apostolado pregam para inspirar e encorajar o povo, compreendendo que, embora sejam responsáveis por pregar a Bíblia, é responsabilidade do Espírito Santo conduzir as pessoas a toda a verdade (v. João 16.13). Líderes apostólicos prezam o relacionamento que os cristãos têm com o Espírito Santo. Treinam as pessoas para serem dependentes do Espírito Santo, porque, afinal de contas, ele é o responsável pela maturidade delas em Cristo.

Relacionando-se com a Palavra

O objetivo da Bíblia sempre foi conduzir-nos a um encontro e relacionamento com Deus (v. João 17.3). Se conhecer a Palavra e conhecer Deus fosse sinônimo, então os escribas e fariseus, que memorizavam todo o Antigo Testamento, teriam sido as primeiras

36 · Chuva Abundante

pessoas a reconhecer e receber Cristo. Entretanto, sua abordagem das Escrituras os levou à cegueira espiritual. Abandonaram o verdadeiro propósito de estudar a Palavra ao trocar um relacionamento com Deus por discussões acadêmicas e nunca exigiram que sua teologia conduzisse a um encontro.

> O objetivo da bíblia sempre foi conduzir-nos a um encontro e relacionamento com Deus.

Alguns argumentam que, se basearmos nosso relacionamento com Deus em uma experiência, poderíamos ser enganados. Isso é verdade! Mas, por outro lado, se estudarmos a Bíblia e isso não nos levar a um encontro com o Todo-poderoso, então já fomos enganados! No momento em que os teólogos, ou quem quer que seja, abandonam o relacionamento com Deus como a *principal* missão ao estudar a Bíblia, já estão no engano. Paulo descreveu melhor essas pessoas ao escrever a Timóteo. Disse que elas têm a "aparência de piedade, mas negando o seu poder" e estão "sempre aprendendo, e jamais conseguem chegar ao conhecimento da verdade" (2 Timóteo 3.5,7).

A Bíblia é como o manual do proprietário de um carro novo. Lemos o manual esperando entender como usar e cuidar do carro. Se memorizarmos o manual e mesmo assim não conseguirmos pôr o carro em funcionamento, qual seria o objetivo de ler o manual? Muitas vezes, ao lermos o manual do proprietário ainda não entendemos bem como certos recursos funcionam até experimentarmos com o manual nas mãos. Consegue imaginar como seria o manual do proprietário se o autor tivesse perdido de vista esse objetivo?

Reformando a Igreja • 37

SE ESTUDARMOS A BÍBLIA E ISSO NÃO NOS LEVAR A UM ENCONTRO COM O TODO-PODEROSO, ENTÃO JÁ FOMOS ENGANADOS!

Em uma cultura apostólica se lida com o engano principalmente por meio do dever de prestar contas aos relacionamentos e do discernimento espiritual em vez do intelectualismo. Por exemplo, quando, na igreja primitiva, os apóstolos disputavam sobre questões doutrinárias, comparavam sua compreensão das Escrituras com a experiência com Deus para chegar a conclusões sobre a fé. Vamos dar uma olhada em um exemplo do livro de Atos:

Então se levantaram alguns do partido religioso dos fariseus que haviam crido e disseram: "É necessário circuncidá-los e exigir deles que obedeçam à Lei de Moisés". Os apóstolos e os presbíteros se reuniram para considerar essa questão. Depois de muita discussão, Pedro levantou-se e dirigiu-se a eles: "Irmãos, vocês sabem que há muito tempo Deus me escolheu dentre vocês para que os gentios ouvissem de meus lábios a mensagem do evangelho e cressem. Deus, que conhece os corações, demonstrou que os aceitou, dando-lhes o Espírito Santo, como antes nos tinha concedido. Ele não fez distinção alguma entre nós e eles, visto que purificou os seus corações pela fé. Então, por que agora vocês estão querendo tentar a Deus, pondo sobre os discípulos um jugo que nem nós nem nossos antepassados conseguiram suportar? De modo nenhum! Cremos que somos salvos pela graça de nosso Senhor Jesus, assim como eles também". Toda a assembleia ficou em silêncio, enquanto ouvia Barnabé e Paulo falando de todos os sinais e maravilhas que, por meio deles, Deus fizera entre os gentios. Quando terminaram de falar, Tiago tomou a palavra e disse: "Irmãos, ouçam-me. Simão nos expôs como Deus, no princípio, voltou-se para os gentios a fim de reunir dentre as nações um povo para o seu nome. Concordam com isso as palavras dos profetas, conforme está escrito: 'DEPOIS DISSO VOLTAREI E RECONSTRUIREI A TENDA CAÍDA DE DAVI. REEDIFICAREI AS SUAS RUÍNAS, E A RESTAURAREI, PARA QUE O RESTANTE DOS HOMENS BUSQUE O SENHOR, E TODOS OS GENTIOS SOBRE OS QUAIS TEM SIDO INVOCADO O MEU NOME, DIZ O SENHOR, QUE FAZ ESTAS COISAS CONHECIDAS DESDE OS TEMPOS ANTIGOS. Portanto, julgo que não devemos pôr dificuldades aos gentios que estão se convertendo a Deus. Ao contrário, devemos escrever a eles, dizendo-lhes que se abstenham de comida contaminada pelos ídolos, da imoralidade sexual, da carne de animais estrangulados e do sangue" (Atos 15.5-20, destaque nosso).

Observe que os apóstolos, na discussão, consideraram a experiência de Pedro com os gentios e os testemunhos de sinais e maravilhas de Paulo e Barnabé para determinar qual deveria ser a posição doutrinária em relação à aplicação da Lei aos gentios. O apostolado, na maioria das vezes, valoriza mais a voz do Espírito Santo (v. Atos 15.28) e as experiências com Deus do que argumentos acadêmicos. Também tende a pensar primeiro com o coração do que com a mente. Não quero dizer de forma alguma que apostolados são intelectualmente superficiais ou motivados de modo negligente. Estou simplesmente ressaltando que o Espírito dirige os apóstolos, e, portanto, eles muitas vezes se encontram além das fronteiras da lógica e da razão humana (é claro que não fora do conselho das Escrituras).

Um discípulo seguindo uma liderança apostólica precisará exercer uma grande medida de fé e confiança, bem como extremo discernimento, pois as estruturas, estratégias, visão e missão dos apostolados costumam ser inspiradas pelo Espírito. Por natureza, os apóstolos não dão *preeminência* ao "senso comum". Muitos de meus colegas brincam que esse processo de inovação na organização dos diversos aspectos de uma missão apostólica é chamado de "espiritégias", que quer dizer "estratégias do Espírito".

ESSA RESISTÊNCIA DE ALGUNS LÍDERES EM VIVENCIAR
AS INTERVENÇÕES IMPOSSÍVEIS DE DEUS
RESULTA EM MUITOS CRISTÃOS SENDO
INSTRUÍDOS POR OBEDIÊNCIA.

É claro que esse modo de ver a vida do Reino não é novo. Ele é demonstrado ao longo de toda a Bíblia. A Palavra de Deus está repleta de histórias irracionais que desafiam a razão comum, desde Gideão com seu exército de 300 soldados carregando jarros até Eliseu e o machado que flutuou, ou Josué e a marcha de sete dias ao redor de uma cidade inimiga. Líderes de igrejas com mentalidade denominacional com frequência compartilham essas histórias como eventos históricos impressionantes do Deus que faz o impensável, o irracional e o impossível. Mas nunca ocorre a alguns deles que Deus ainda exige que seu povo confie nele para viver uma vida que transcende nosso entendimento e nos convida a participar de suas intervenções miraculosas.

40 · Chuva Abundante

Essa resistência de alguns líderes em vivenciar as intervenções impossíveis de Deus resulta em muitos cristãos sendo instruídos por obediência. Substituem as obras de Deus por boas obras, reduzindo o "povo de Deus" a cidadãos gentis e amigáveis em vez de incisivos transformadores do mundo. Domesticaram o Leão da Tribo de Judá, reduzindo-o a um animal de circo.

Transição da hierarquia para a "herdeirarquia"

A transição do denominacionalismo para o apostolado criará uma metamorfose orgânica em que o Corpo de Cristo passará da escravidão denominacional para o que realmente é — co-herdeiro com Cristo. Deixe-me explicar, destacando uma parte da epístola de Paulo aos Romanos:

> [...] porque todos os que são guiados pelo Espírito de Deus são filhos de Deus. Pois vocês não receberam um espírito que os escravize para novamente temerem, mas receberam o Espírito que os adota como filhos, por meio do qual clamamos: "*Aba*, Pai". O próprio Espírito testemunha ao nosso espírito que somos filhos de Deus. Se somos filhos, então somos herdeiros; herdeiros de Deus e co-herdeiros com Cristo, se de fato participamos dos seus sofrimentos, para que também participemos da sua glória (Romanos 8.14-17).

Paulo ressalta que não somos mais escravos, mas filhos adotados que agora se relacionam com Deus como Pai (a palavra aramaica *Abba*)! Uma vez que nosso Pai celestial é também Rei do mundo, nós, por herança, somos herdeiros do trono. É importante compreender que fomos promovidos por causa da adoção, não por nossa capacidade. A consequência dessa transição real familiar

Reformando a Igreja • **41**

é que mudamos de um modelo de liderança hierárquica para uma "herdeirarquia", já que somos herdeiros com Cristo do trono de Deus.

Demoninacionalismos baseiam-se em hierarquias. As hierarquias geralmente se desenvolvem por uma ordem de poder. Em um galinheiro, as galinhas organizam sua sociedade bicando umas às outras para determinar a galinha principal, a inferior e todas as outras no meio. Em outras palavras, hierarquias são estruturas determinadas pelo nível de dominância de uma galinha no galinheiro ou, neste caso, de uma pessoa em uma organização.

O denominacionalismo é como um galinheiro altamente desenvolvido em que os líderes recebem autoridade pelo desempenho. Vão para o seminário, recebem um diploma e viram pastor. O problema da autoridade baseada em realizações é que ela cria uma cultura de liderança motivada pelo desempenho em que a pessoa mais talentosa é encarregada de liderar. (Não há nada de errado com estudo e seminário desde que eles não sejam os qualificadores máximos para a liderança.) Uma vez que esse tipo de liderança é derivado de obras, qualquer um que sobrepuje o líder será uma ameaça para a organização. Portanto, a própria cultura é projetada de forma subconsciente ou proativa para minar ou sabotar (picar) qualquer um que seja mais qualificado que o líder. Assim, o chão do líder passa a ser o teto do seguidor.

O DENOMINACIONALISMO É COMO UM GALINHEIRO ALTAMENTE DESENVOLVIDO EM QUE OS LÍDERES RECEBEM AUTORIDADE PELO DESEMPENHO.

Por outro lado, apostolados são "herdeirarquias". Em herdeirarquias, os líderes não são estipulados pela capacidade de realizar

42 • Chuva Abundante

algo, mas pela medida de favor que receberam de Deus (Pai) pelo relacionamento com ele como filho ou filha. Em outras palavras, os líderes apostólicos recebem autoridade não pelo *que* conhecem, mas por *quem* conhecem. É isso que a Bíblia chama de liderança baseada no "chamado". Jesus, por exemplo, *chamou* cada um de seus discípulos sem levar em consideração as qualificações educacionais ou experiência ministerial. Esta é a passagem em que o Senhor alistou os "filhos do trovão", como carinhosamente os chamou: "Indo adiante, viu outros dois irmãos: Tiago, filho de Zebedeu, e João, seu irmão. Eles estavam num barco com seu pai, Zebedeu, preparando as suas redes. Jesus os chamou" (Mateus 4.21).

Até mesmo o apóstolo Paulo, que era extremamente instruído e um qualificado líder religioso, disse que Deus o chamou por sua "graça". A Bíblia descreve a graça como o favor imerecido de Deus para com as pessoas. A palavra-chave é "imerecido".

Mas Deus me separou desde o ventre materno e me chamou por sua graça. Quando lhe agradou revelar o seu Filho em mim para que eu o anunciasse entre os gentios, não consultei pessoa alguma. Tampouco subi a Jerusalém para ver os que já eram apóstolos antes de mim, mas de imediato parti para a Arábia, e voltei outra vez a Damasco. (Gálatas 1.15-17)

Os líderes no apostolado não são necessariamente sem estudo, inexperientes ou fracos, mas não são colocados na liderança, em primeiro lugar, por suas qualificações ou linhagem. Em vez disso, são colocados como líderes porque Deus os escolhe. Quando Deus chama uma pessoa para liderar, libera favor sobre ela. O favor de Deus a qualifica. Uma grande ilustração desse princípio é a comissão de Josué:

Então o SENHOR disse a Moisés: "Chame Josué, filho de Num, homem em quem está o Espírito, e imponha as mãos sobre ele. Faça-o apresentar-se ao sacerdote Eleazar e toda a comunidade e o comissione na presença deles. Dê-lhe parte da sua autoridade para que toda a comunidade de Israel lhe obedeça" (Números 27.18-20).

LÍDERES VERDADEIRAMENTE NOMEADOS POR DEUS TRANSMITEM CERTA MAJESTADE, ESPLENDOR E FAVOR.

Sabemos que Josué era a pessoa mais qualificada para assumir o lugar de Moisés porque servira como segundo em comando por anos. Mas Deus não mencionou a experiência de Josué. Em vez disso, lembrou Moisés de que Josué tinha o "Espírito" sobre ele. O Espírito qualificou Josué para liderar o povo. Em seguida, Deus instruiu Moisés a impor as mãos sobre ele e repartir um pouco de sua autoridade. A palavra hebraica para "autoridade" aqui é também traduzida nove vezes por "esplendor", seis vezes por "majestade" e duas vezes por "beleza" e "glória". Líderes verdadeiramente nomeados por Deus transmitem certa majestade, esplendor e favor que faz que as pessoas reconheçam sua autoridade e queiram segui-los.

Manto e missões

Quando Deus comissiona seus líderes, como Josué, coloca um *manto* sobre eles. Esse *manto* lhes confere a capacidade sobrenatural para completar sua missão. Diferentemente dos dons e chamados de Deus que permanecem sobre uma pessoa por toda a vida, um *manto* permanece com a *missão,* não com o homem. Por exemplo, qualquer um que se torne presidente dos Estados Unidos

44 • CHUVA ABUNDANTE

precisa ser uma pessoa muito dotada. Uma pessoa não chega aos maiores cargos em sua terra sem determinadas qualificações. Mas, no dia da posse, algo poderoso acontece no reino espiritual; um *manto* presidencial dos céus é dado a essa pessoa. Deus nunca confere uma tarefa a alguém sem lhe conceder a capacidade de completá-la. O próprio Deus estabelece toda a autoridade no Universo, e, portanto, cada cargo de liderança no Planeta é uma missão de Deus (Romanos 13.1). O *manto* presidencial concede a esses líderes a capacidade de dirigir o país além da capacidade natural que possuem. Contudo, quando seu turno termina e eles deixam a Casa Branca, o *manto* permanece com a *missão* para que possa ser passado ao presidente seguinte. Seus *dons* e *chamado* de liderança, porém, permanecem com eles.

Antes de Josué receber seu próprio manto, ele teve a oportunidade de vivenciar os efeitos do manto que repousava sobre os ombros de Moisés. Um dos exemplos mais marcantes se encontra em Êxodo 17, a história de Josué sendo comissionado por Moisés para reunir os soldados, descer ao vale e lutar contra os amalequitas. Durante a batalha, Moisés subiu a colina e ergueu as mãos. Quando Moisés cansou e abaixou os braços, Josué começou a perder a batalha. Enquanto Moisés mantinha os braços erguidos, Josué vencia. Ficou claro para a liderança israelita que a vitória de Josué estava diretamente relacionada a Moisés erguendo as mãos, por isso colocaram um líder a cada lado de Moisés para ajudar a sustentar seus braços até que Josué vencesse a batalha e derrotasse Amaleque (v. Êxodo 17.8-13).

Se não aprendermos a reconhecer e nos alinharmos sob a verdadeira autoridade espiritual, poderemos formar exércitos maiores, desenvolver estratégias melhores e comprar mais armas poderosas e, mesmo assim, perder a batalha! Não percebemos que, se apoiarmos (honrarmos) nossos líderes, herdaremos suas vitórias. Entretanto, é assim que a liderança deve atuar em um apostolado. Em um apostolado, a honra entre o líder e aqueles que o seguem gera um relacionamento em que o teto do líder passa a ser o chão do seguidor.

> SE APOIARMOS (HONRARMOS) NOSSOS LÍDERES,
> HERDAREMOS SUAS VITÓRIAS.

Auxílio angelical

O livro de Apocalipse nos dá uma visão de como funciona a autoridade apostólica no reino invisível. Jesus disse ao apóstolo João:

> "Ao anjo da igreja em Éfeso escreva: 'Estas são as palavras daquele que tem as sete estrelas em sua mão direita e anda entre os sete candelabros de ouro. Conheço as suas obras, o seu trabalho árduo e a sua perseverança. Sei que você não pode tolerar homens maus, que pôs à prova os que dizem ser apóstolos, mas não são, e descobriu que eles eram impostores. Você tem perseverado e suportado sofrimentos por causa do meu nome, e não tem desfalecido. Contra você, porém, tenho isso: Você abandonou o seu primeiro amor. Lembre-se de onde caiu! Arrependa-se e pratique as obras que praticava no princípio. Se não se arrepender, virei a você e tirarei o seu candelabro do lugar dele' " (Apocalipse 2.1-5).

Observe que Jesus comissionou João a escrever sete cartas que se tornaram mandatos apostólicos para sete igrejas diferentes da Ásia. Mas você percebeu que não foi dito a João que escrevesse

46 • Chuva Abundante

as cartas para os líderes naturais daquelas igrejas? Em vez disso, ele foi instruído a escrever cartas para os sete anjos das sete igrejas! *Uau!* É impressionante o que aprendemos nessa passagem; vemos que ministérios verdadeiramente apostólicos possuem anjos designados para eles. Esses anjos são comissionados a cumprir a missão decretada pela ordem e *metron* de determinado apóstolo. A palavra *metron* significa o reino ou as fronteiras de influência espiritual de um líder (v. Romanos 12.3; 2Coríntios 10.13). Nesse caso, João tinha autoridade sobre sete regiões geográficas específicas, portanto tinha sete anjos designados a ele.

Tenho a convicção pessoal de que um dos elementos essenciais que ordenou essa era apostólica é que os anjos não reconhecem a autoridade fundamentada em desempenho do denominacionalismo. Paulo nos ensina que anjos reconhecem autoridade espiritual verdadeira, e isso é essencial para que as orações sejam respondidas e para que as profecias se cumpram (v. 1Coríntios 11.4,10). Somente o Novo Testamento faz menção a anjos mais de 180 vezes. Para onde foram todos os anjos na Igreja do século XXI? Será que não foram os anjos que ajudaram Josué na batalha contra os amalequitas (v. Êxodo 17.8-13)? Como seria o mundo se de repente nos servíssemos do auxílio angelical hoje na mesma medida em que se serviam deles no século I? Penso que estamos prestes a descobrir, à medida que somos transformados nestes novos odres apostólicos.

Revestimento apostólico

O apóstolo Paulo foi enviado pelos apóstolos de Jerusalém e comissionado pelo Espírito Santo (v. Atos 15.22-25). Em seguida, seu ministério testemunhou a eficácia do revestimento que vem da submissão à verdadeira autoridade espiritual. A diferença entre as pessoas que estão sob autoridade e aquelas que não estão é evidente no contraste entre os filhos de Ceva e o ministério de Paulo.

O reino demoníaco nem mesmo reconhecia a autoridade dos filhos de Ceva. Vamos investigar a situação:

Deus fazia milagres extraordinários por meio de Paulo, de modo que até lenços e aventais que Paulo usava eram levados e colocados sobre os enfermos. Estes eram curados de suas doenças, e os espíritos malignos saíam deles. Alguns judeus que andavam expulsando espíritos malignos tentaram invocar o nome do Senhor Jesus sobre os endemoninhados, dizendo: "Em nome de Jesus, a quem Paulo prega, eu lhes ordeno que saiam!" Os que estavam fazendo isso eram os sete filhos de Ceva, um dos chefes dos sacerdotes dos judeus. Um dia, o espírito maligno lhes respondeu: "Jesus, eu conheço, Paulo, eu sei quem é; mas vocês, quem são?" Então o endemoninhado saltou sobre eles e os dominou, espancando-os com tamanha violência que eles fugiram da casa nus e feridos (Atos 19.11-16).

É surpreendente que o lenço de um apóstolo tivesse mais poder do que os sete filhos de Ceva usando o nome de Jesus. É difícil imaginar que demônios reconhecessem o lenço de Paulo e deixassem o corpo das pessoas, mas se recusassem a sair quando os sete filhos de um sacerdote tentassem expulsá-los usando o nome de Jesus. Mas foi isso que aconteceu. As palavras dos demônios foram muito impressionantes: "Jesus, eu conheço, Paulo, eu sei quem é; mas vocês, quem são?". Quando nos sujeitamos aos líderes apostólicos de Deus, somos conhecidos nos céus e temidos no inferno. A verdadeira autoridade celestial faz que os anjos nos ajudem e os demônios respeitem nossa influência.

> É SURPREENDENTE QUE O LENÇO DE UM APÓSTOLO
> TIVESSE MAIS PODER DO QUE OS SETE FILHOS DE CEVA
> USANDO O NOME DE JESUS.

Até mesmo o centurião gentil no livro de Lucas reconheceu que Jesus tinha autoridade para curar seu servo doente, pois ele mesmo era um homem que estava sob autoridade.

> QUANDO NOS SUJEITAMOS AOS LÍDERES APOSTÓLICOS
> DE DEUS, SOMOS CONHECIDOS NOS CÉUS
> E TEMIDOS NO INFERNO.

Jesus foi com eles. Já estava perto da casa quando o centurião mandou amigos dizerem a Jesus: "Senhor, não te incomodes, pois não mereço receber-te debaixo do meu teto. Por isso, nem me considerei digno de ir ao teu encontro. Mas dize uma palavra, e o meu servo será curado. Pois eu também sou homem sujeito a autoridade, e com soldados sob o meu comando. Digo a um: Vá, e ele vai; e a outro: Venha, e ele vem. Digo a meu servo: Faça isto, e ele faz". Ao ouvir isso, Jesus admirou-se dele e, voltando-se para a multidão que o seguia, disse: "Eu lhes digo que nem em Israel encontrei tamanha fé". (Lucas 7.6-9)

É assim que funciona a verdadeira autoridade espiritual. Nós nos *sub*metemos à missão do Pai e somos *co*missionados. Legítimos líderes ungidos transmitem uma missão apostólica e são responsáveis por comissionar o Corpo de Cristo. O próprio Jesus disse:

"Pois desci dos céus, não para fazer a minha vontade, mas para fazer a vontade daquele que me enviou" (João 6.38). "Por mim mesmo, nada posso fazer; eu julgo apenas conforme ouço, e o meu julgamento é justo, pois não procuro agradar a mim mesmo, mas àquele que me enviou" (João 5.30). Estaria Jesus dizendo: "Não queria mesmo fazer esse negócio de milagre e redenção. Isso é tudo ideia de meu Pai"? Não! Ele estava simplesmente mostrando como apóstolos ("enviados") recebem autoridade. Eles rendem a vontade a Deus e permitem que seu plano se cumpra na vida deles e na vida daqueles sobre quem têm autoridade. Assim como os 12 discípulos que Jesus enviou para difundir o Reino, nós também precisamos ser enviados, não simplesmente ir.

Como vimos, Deus também comissionou os anjos para serem parceiros de seus líderes no cumprimento da missão apostólica. Quando estamos sob a autoridade de Deus, que inclui estar sob a autoridade dos líderes nomeados por ele, também nos associamos às hostes celestiais. Hebreus 1.14 diz a respeito dos anjos: "Os anjos não são, todos eles, espíritos ministradores enviados para servir aqueles que hão de herdar a salvação?". A responsabilidade dos anjos é assegurar-se de que os filhos e filhas do Rei cheguem a seu destino divino e completem a missão do Reino.

Comissionando anjos

Como me referi anteriormente, os anjos são comissionados principalmente por meio da oração e da profecia. Considere as palavras do salmista:

Bendigam o SENHOR, vocês, seus anjos poderosos, que *obedecem à sua palavra*. Bendigam o SENHOR todos os seus exércitos, vocês, seus servos, que cumprem a sua vontade. [...] Bendigam o SENHOR todas as suas obras em todos

50 · Chuva Abundante

os lugares do seu domínio. Bendiga o Senhor a minha alma! (Salmos 103.20-22, grifo nosso).

Os anjos atentavam para a voz de sua Palavra. A Igreja é a voz de Deus que declara sua Palavra na terra. Não acho que isso signifique que temos de dizer aos anjos o que fazer; estou simplesmente dizendo que, quando oramos e profetizamos em nome do Senhor, eles ouvem a Palavra do Senhor e saem para cumpri-la. Mas somente podemos declarar uma Palavra do Senhor que comissione os anjos se estivermos sob autoridade e, portanto, tivermos autoridade para enviá-los.

Revestimento espiritual

Encontramos outro indício da natureza e poder da autoridade espiritual em uma afirmação feita por Estêvão. Antes de ser apedrejado, ele compareceu perante seus acusadores e contou uma versão resumida do Antigo Testamento, incluindo a história de como Israel foi escravizado no Egito: "ENTÃO OUTRO REI, QUE NADA SABIA A RESPEITO DE JOSÉ, PASSOU A GOVERNAR O EGITO. Ele agiu traiçoeiramente para com o nosso povo e oprimiu os nossos antepassados, obrigando-os a abandonar os seus recém-nascidos, para que não sobrevivessem" (Atos 7.18,19, destaque nosso).

É importante destacar que Estêvão não disse que se levantou um rei que não conhecia *Deus* e destruiu seu povo. Em vez disso, disse: "Então outro rei, que nada sabia a respeito de José, passou a governar o Egito". As vitórias pessoais de José o levaram a uma posição de favor e autoridade que liberou um revestimento compartilhado sobre sua família. Você conhece a história — a família de José, que acreditava que ele estivesse morto, foi ao Egito em busca de comida. Quando os irmãos dele, aqueles que o venderam como escravo, descobriram que ele estava vivo, imploraram pela própria vida. José disse que o mal que eles planejaram, Deus o havia usado para o bem. Ele os perdoou e os convidou a que fossem para o Egito a fim de que ficassem a salvo da fome. Setenta membros de sua família se mudaram para o Egito, onde o faraó lhes deu a melhor terra. Eles se multiplicaram e se espalharam por toda a nação, prosperaram e permaneceram livres. Os israelitas viveram uma vida incrivelmente abençoada durante os anos do governo de José, não porque merecessem, mas porque José agiu assim (v. Gênesis 37—48)!

Por que José merecia essa bênção? O que o qualificava a tal autoridade e favor? Não era sua inteligência, seu estudo, seu carisma, sua capacidade de comunicação nem qualquer outra qualidade pela qual os seres humanos geralmente julgam a capacidade de liderança de uma pessoa. José se destacou por três motivos: 1) vivia de modo sobrenatural, o que é demonstrado pela capacidade de interpretar sonhos; 2) em um sonho foi chamado pelo próprio Deus para liderar; 3) passou em todos os testes de caráter no caminho do chamado. Chamado divino, caráter aprovado e um estilo de vida sobrenatural são as três características principais de uma pessoa com verdadeira autoridade espiritual.

Revestimento e responsabilidade

Há uma diferença entre revestimento e o dever de prestar contas. O verdadeiro dever de prestar contas só está presente em nossa vida quando temos um relacionamento pessoal com pessoas que podem e falam ao nosso coração, às nossas circunstâncias ou aos nossos relacionamentos. Todos necessitam dessas profundas ligações de aliança — não primeiramente porque nos protegem de cair, mas porque nos inspiram a buscar o chamado de Deus que repousa sobre a vida de cada um de nós. Historicamente, o dever

52 · CHUVA ABUNDANTE

de prestar contas ajudou principalmente a refrear o mau comportamento. Mas, como novas criaturas em Cristo, todos precisamos prestar contas às pessoas que constantemente lembram a cada um de nós que nascemos para fazer história!

É muito improvável que líderes que de fato carregam um manto apostólico que reveste movimentos inteiros sejam capazes de despertar o dever de prestar contas na maioria das pessoas sob sua cobertura. A própria natureza de suas responsabilidades coletivas os impede de ter o tempo necessário para cultivar relacionamentos profundos com tantas pessoas, o que é essencial para o verdadeiro discipulado e/ou dever de prestar contas. Quando se trata de pessoas que desempenham esses papéis, a verdade de Provérbios se aplica: "Quem tem muitos amigos pode chegar à ruína" (Provérbios 18.24).

O Senhor é meu pastor

Para muitas pessoas que estão lendo este primeiro capítulo, a ideia de que alguém tem autoridade sobre nós em Deus parece na melhor das hipóteses penoso e, na pior, impossível. Conheço bem esses sentimentos, pois cresci com dois padrastos que abusavam de sua autoridade sobre minha vida. Mas os benefícios de ter uma verdadeira liderança espiritual sobre nossa vida sobrepujam além da conta a luta interna para chegar lá.

As pessoas que parecem ter maior resistência ao conceito de autoridade espiritual não ousariam dizer ao chefe não cristão: "Você não pode me dizer o que fazer. O Senhor é meu pastor. Não me submeto à autoridade terrena". Em vez disso, chegam ao trabalho no horário que seu patrão lhes diz para chegar. Vestem o uniforme ou tipo de vestimenta que for exigido. Executam as tarefas que lhe são exigidas cinco ou seis vezes por semana. Mas no domingo vão à igreja sem disposição para trabalhar com as crianças ou realizar alguma outra tarefa simples que lhes seja solicitada. Alguns cristãos já me disseram que o Shepherding Movement ou o líder de alguma igreja os feriu e, por isso, nunca mais se submeterão à autoridade espiritual. A mensagem delas é clara: "Você não pode me dizer o que fazer". Imagine qual seria seu rendimento se estendesse esse modo de pensar ao mercado de trabalho. Perturba-me quando cristãos fazem por dinheiro o que não fazem por amor!

PERTURBA-ME QUANDO CRISTÃOS FAZEM
POR DINHEIRO O QUE NÃO FAZEM POR AMOR!

É claro que sempre há algumas "lideranças espirituais" no Corpo de Cristo que pensam que é responsabilidade delas controlar as pessoas em vez de capacitá-las para cumprir o que Deus lhes ordenou. Usam o medo e a manipulação para que o rebanho faça o que precisa ser feito. Esse tipo de pessoa não deveria ser líder, nem se deveria confiar nele ou submeter-se a ele. Verdadeiros apóstolos sempre incluem o cumprimento dos sonhos de seu povo como parte de sua principal missão de Deus. Sempre que pastores conduzem por um caminho que não beneficia significativamente seu povo, estão usando de modo indevido sua autoridade.

Na verdade, o primeiro grupo de pessoas que um líder é chamado a ministrar é a própria família. A Escritura afirma com clareza que o fundamento da autoridade de um líder é administrar bem seus relacionamentos familiares (v. 1Timóteo 3.1-5). Muitos líderes esqueceram a exortação de Paulo e sacrificaram sua família no altar do ministério público. É imperativo que pais e mães ensinem seus filhos e filhas a se sacrificar. O sacrifício faz parte da vida no Reino. Mas há uma grande diferença entre fazer um sacrifício e ser sacrificado para alcançar algum "propósito de Deus". Se eu pudesse salvar 1 milhão de pessoas na África, mas me custasse um de meus filhos, escolheria continuar com meu filho. Se tivesse de jogar um de meus filhos debaixo de um ônibus para alcançar algum objetivo ministerial, não importa quão sublime fosse a visão, meu ministério estaria edificado sobre um fundamento podre. Sinto pena dos filhos de muitos líderes e me pergunto o que essas pessoas estão pensando para negligenciar e maltratar aqueles que são sua principal responsabilidade.

Deixe-me esclarecer: Não é nesse tipo de líder que estou sugerindo a você que confie. Não há líder perfeito, exceto Jesus. Não podemos exigir perfeição de nenhum líder. Mas podemos esperar que aqueles que nos liderem demonstrem maturidade, amor e vivam com humildade.

Manto apostólico

Ao passar por essa dramática transição do denominacionalismo para as famílias apostólicas, é essencial que compreendamos claramente o manto e a ordenança do apóstolo para que possam ser instituídos fundamentos governamentais que capacitem, em vez de restringir, o extraordinário chamado. No capítulo seguinte, iremos contrastar a natureza do governo pastoral tradicional com o de uma estrutura apostólica para compreendermos melhor esta nova época.

CAPÍTULO 2

O início da era apostólica

Em tempos de mudanças, os aprendizes herdam a Terra,
enquanto os mestres, extremamente bem equipados, estão prontos
para lidar com um mundo que já não existe.

ERIC HOFFER

Maná velho

Era manhã de domingo e, como fazemos todas as semanas, a liderança da Bethel Church estava reunida orando para que Deus se movesse milagrosamente entre nós. A atmosfera estava carregada, a pequena sala, cheia com 30 membros apaixonados da equipe, todos esperando ansiosamente sua vez de orar. Cada líder aguardava; éramos como cavalos de corrida esperando que o portão se abrisse. Logo seria minha vez, portanto organizei os pensamentos enquanto a pessoa ao lado concluía sua exortação fervorosa. Eu estava prestes a proferir: "Libero o tanque de Betesda sobre a Bethel Church", quando o Senhor interrompeu abruptamente meu pensamento.

— Essa é uma palavra profética antiga! — ele disse.

Fiquei surpreso. Lembrei ao Senhor rapidamente que fazia apenas seis meses ele me dissera que a igreja era como o tanque de Betesda.

— Senhor, como pode ser uma palavra antiga? — questionei.

— É uma palavra antiga — o Senhor repetiu.

— Qual é a palavra nova? — perguntei um tanto timidamente.

— Minha igreja está deixando o tanque de Betesda e indo para o rio de Ezequiel — ele disse.

Não tinha ideia do que o Senhor queria dizer com isso, mas organizei os pensamentos rapidamente, enquanto todos esperavam, e declarei ousadamente: "Bethel Church será como o rio de Ezequiel!".

Ainda não sabia ao certo o que o rio de Ezequiel tinha a ver com a igreja, mas, enquanto orava, ia sendo fortalecido interiormente. Estava ansioso para ficar a sós com o Senhor, meditar sobre o conceito e entender o que ele e eu estávamos declarando ousadamente.

O tanque de Betesda

Enquanto buscava o Senhor, comecei a compreender que o Reino de Deus está passando por uma das maiores transições da história da humanidade. O Senhor me mostrou que o tanque de Betesda representa, como parábola ou linguagem figurativa, o lugar onde estamos hoje como Igreja; e o rio do livro de Ezequiel representa para onde estamos indo. Vamos começar com o tanque para podermos ver a importância desta transição:

> Há em Jerusalém, perto da porta das Ovelhas, um tanque que, em aramaico, é chamado Betesda, tendo cinco entradas em volta. Ali costumava ficar grande número de pessoas doentes e inválidas: cegos, mancos e paralíticos. Eles esperavam um movimento nas águas. De vez em quando descia um anjo do Senhor e agitava

O início da era apostólica • **57**

as águas. O primeiro que entrasse no tanque, depois de agitadas as águas, era curado de qualquer doença que tivesse (João 5.2-4).

Você notou que o tanque tinha cinco entradas? Esse tipo de detalhe nunca significou muito para mim até que, pouco tempo atrás, percebi sua importância nas palavras do apóstolo João: "Jesus fez também muitas outras coisas. Se cada uma delas fosse escrita, penso que nem mesmo no mundo inteiro haveria espaço suficiente para os livros que seriam escritos" (João 21.25). Se Deus precisou reduzir a quantidade de coisas escritas sobre Jesus a poucas centenas de páginas, então cada palavra que decidiu incluir no manuscrito deve ser significativa.

Os detalhes também são importantes, pois a maior parte dos Evangelhos são relatos de testemunhas oculares. Se uma pessoa testemunhasse um acidente entre dois carros e, ao contar a história a um policial, mencionasse que ambos os carros tinham calotas, suspeitaríamos que as calotas tivessem alguma relação com o acidente. Caso contrário, por que alguém mencionaria algo tão insignificante?

Quando o Senhor me deu a palavra sobre a Igreja ser o tanque de Betesda, a descrição das cinco entradas ao redor do tanque chamou minha atenção e comecei a refletir sobre seu significado profético. O relato das Escrituras indica que esses pórticos eram lugares de descanso e proteção para aqueles que precisavam de cura e davam acesso às águas que o anjo agitava para liberar os milagres. O Senhor me revelou que isso era uma representação impressionante do ministério quíntuplo (apóstolo, profeta, evangelista, pastor e mestre). Segundo Efésios 4.7-11, o ministério quíntuplo de Cristo foi concedido, cada um deles, para equipar os santos para o ministério. As cinco entradas do tanque de Betesda são uma figura impressionante de como esses ministérios, trabalhando juntos em unidade, revestem o Corpo de Cristo, dando acesso ao poder de Deus e à graça distribuída pelos anjos.

Compreendi que o ministério quíntuplo estava em transição, saindo da obscuridade e mergulhando no tanque da unidade. Em outras palavras, quando apóstolos, profetas, evangelistas, pastores e mestres trabalham juntos e criam um governo saudável que reveste os santos, essa cobertura forma uma espécie de redemoinho celestial que leva a alianças estratégicas com nossos aliados celestiais. A palavra queria dizer que o Senhor estava estabelecendo o ministério quíntuplo em sua Igreja, e o resultado seria o aumento da manifestação da atividade angelical por meio de milagres extraordinários raramente testemunhados na História.

Dois governos

Ao descobrir o significado da palavra profética sobre o tanque, não me surpreende que a interrupção da reunião de oração naquela manhã tenha me pegado desprevenido. Por que precisaríamos substituir essa realidade de unidade, graça e poder por outra coisa? À medida que comecei a examinar essa nova palavra e comparar a imagem do tanque de Betesda com a metáfora do rio no livro de Ezequiel, um novo aspecto do tanque e uma revelação mais profunda começaram a se desvendar.

A essência dessa revelação é que, enquanto o tanque de Betesda, com suas cinco entradas, fala dos cinco papéis do ministério em Efésios, também representa uma estrutura governamental fundamentalmente diferente da organização representada pelo rio de Ezequiel. O tanque representa um *pastorado,* e o rio, um *apostolado.*

O início da era apostólica • **59**

Você provavelmente está se perguntando do que estou falando afinal. Para explicar esses tipos de governo, deixe-me primeiro voltar um pouco e considerar o que quero dizer com "governo". Primeiramente, é preciso entender que há uma diferença entre *governo* e *governantes*. Confundi esses termos por anos. Eu costumava pregar que o ministério quíntuplo era o "governo de Deus". Então, um dia tive uma revelação de que *governo* era na verdade a *estrutura* em que *governadores,* que são os *oficiais,* governam. Também passei a entender que *liderança* era a *arte de governar*. Por meio dessa revelação, compreendi quão importante é o governo para os governantes. Uma estrutura governamental capacita ou restringe a habilidade dos governantes liderarem eficazmente.

RECEBI UMA REVELAÇÃO DE QUE *GOVERNO* ERA
NA VERDADE A ESTRUTURA EM QUE *GOVERNADORES,*
QUE SÃO OS *OFICIAIS,* GOVERNAM.

Governo pelo povo, para o povo

Podemos ver a diferença entre governo e governante observando o próprio governo dos Estados Unidos. Quando os antepassados do povo americano delinearam a Constituição, estavam interessados em criar uma estrutura de governo muito diferente da monarquia britânica que os governara. Pensavam que o rei britânico tinha poder demais. Em resposta, criaram uma república constitucional moldada para limitar a autoridade do presidente e equilibrar o poder de decisão entre as divisões do governo e a maioria dos cidadãos.

Ao contemplarem o futuro do jovem país, os antepassados compreenderam que, se alguma vez a nação estivesse sob cerco inimigo em sua própria costa, as decisões do governo, com essa série de limitações e inspeções, seriam tomadas muito lentamente

60 · Chuva Abundante

para vencer a guerra. Com isso em mente, proveram a Constituição de algo chamado *lei marcial*. Quando o Congresso decreta lei marcial, a estrutura governamental passa de uma república constitucional para um governo militar que concede poder ao investido no cargo de presidente acima das outras duas divisões do governo. Lei marcial significa que o comandante-chefe pode liderar as tropas sem que o plano de batalha seja aprovado pela maioria, dando-lhe condições de tomar decisões rápidas necessárias para vencer uma guerra. A menos que fosse declarada lei marcial, os Estados Unidos poderiam ter o maior general militar da História como presidente, mas a *estrutura governamental* restringiria seu poder de liderar as forças armadas à vitória no caso de um cerco dentro de suas fronteiras. Esse é um ótimo exemplo de como uma estrutura governamental pode tanto aumentar como restringir o poder de seus governantes.

Projetando estruturas governamentais

Por muito tempo, tenho observado organizações elaborarem estruturas governamentais que anulam as capacidades dadas por Deus a seus líderes e, depois, os culpam por não desempenharem bem seus papéis. É essencial que entendamos os três fatores principais que devem ser levados em consideração por grandes governos que querem ser bem-sucedidos. Estes três fatores são: *Quem está liderando? Quem são as pessoas que estão liderando? Em que época essas pessoas estão liderando?* Não compreender bem qualquer desses fatores, estabelecerá estruturas governamentais que limitam, resistem ou mesmo sabotam os objetivos dados por Deus às pessoas.

As organizações poderiam aprender uma grande lição com o empreiteiro que construiu nossa faculdade comunitária em Redding, Califórnia. Muitos anos atrás, quando Shasta College foi construída, o empreiteiro não fez as calçadas logo depois de

O início da era apostólica • **61**

terminar os prédios. Em vez disso, fez um gramado ao redor de todo o *campus* e levou um ano observando onde as pessoas caminhavam mais. Então, o construtor fez calçadas nas áreas do gramado que estavam desgastadas, de modo que as calçadas facilitaram a movimentação dos estudantes e professores.

O governo deveria ser como aquelas calçadas. As estruturas governamentais são os caminhos que deveriam facilitar os dons, paixões e propósitos do destino dado por Deus às pessoas que estão liderando e às que são lideradas, bem como a época em que estão liderando. Com frequência, porém, as organizações constroem calçadas (governos) sem levar em consideração esses fatores. Ao agirem assim, dificultam, se é que não impossibilitam, que as pessoas nessas organizações busquem seus sonhos e cumpram seu destino.

Por outro lado, grandes organizações se desenvolvem quando seus líderes analisam cuidadosamente essas três dinâmicas e, então, implementam estruturas que as facilitem. O resultado desse tipo de formação é que na verdade ele facilita o objetivo da organização em vez de reprimi-lo.

Tanque *versus* rio

Com isso em mente, vamos dar uma olhada no contraste entre o tanque de Betesda e o rio de Ezequiel e ver como as estruturas governamentais que representam, o *pastorado* e o *apostolado,* relacionam-se aos três fatores mencionados anteriormente. O pastorado define os três fatores de governo da seguinte forma: O líder é essencialmente um pastor. Como um pastor de ovelhas reunindo o rebanho, o pastor tem unção de Deus para reunir as pessoas e cuidar de suas necessidades. As pessoas que seguem o pastor são evidentemente ovelhas — pessoas cuja principal tarefa

62 · Chuva Abundante

é permanecerem juntas e saudáveis. O pastorado viceja quando as pessoas percebem que o propósito do momento é permanecer juntas e saudáveis.

Vemos claramente a estrutura do pastorado na figura do tanque de Betesda, onde as pessoas *se reuniam* para um encontro sobrenatural. Contudo, para ter um encontro sobrenatural, precisavam estar lá no momento certo e tinham de ser a primeira pessoa a entrar no tanque quando o anjo tocasse a água.

Hoje, a maioria das pessoas vem à igreja pelo mesmo motivo. Se quiser ser tocado por Deus, você vai à igreja. Se precisar ser salvo, vai à igreja. Se precisar ser curado, aconselhado, ensinado ou liberto, precisa ir à igreja. Você entendeu o princípio. A ênfase está em ir à igreja, e, portanto, as reuniões são concebidas para suprir as várias necessidades do corpo. Também me parece que o que acontecia no tanque de Betesda é válido para o pastorado — acontecem milagres nos pastorados, mas são raros e inconsistentes. Há visitações ocasionais, mas muitos ainda estão na beira do tanque esperando sua vez de ter um encontro.

O rio de Ezequiel nos mostra uma figura muito diferente:

> O homem levou-me de volta à entrada do templo, e vi água saindo debaixo da soleira do templo e indo para o leste, pois o templo estava voltado para o oriente. A água descia de debaixo do lado sul do templo, ao sul do altar. Ele então me levou para fora, pela porta norte, e conduziu-me pelo lado de fora até a porta externa que dá para o leste, e a água fluía do lado sul. O homem foi para o lado leste com uma linha de medir na mão e, enquanto ia, mediu quinhentos metros e levou-me pela água, que batia no tornozelo. Ele mediu mais quinhentos metros e levou-me pela água,

O início da era apostólica • 63

que chegava ao joelho. Mediu mais quinhentos e levou-me pela água, que batia na cintura. Mediu mais quinhentos, mas agora era um rio que eu não conseguia atravessar, porque a água havia aumentado e era tão profunda que só se podia atravessar a nado; era um rio que não se podia atravessar andando. Ele me perguntou: "Filho do homem, você vê isso?" Levou-me então de volta à margem do rio. Quando ali cheguei, vi muitas árvores em cada lado do rio. Ele me disse: "Esta água flui na direção da região situada a leste e desce até a Arabá, onde entra no Mar. Quando deságua no Mar, a água ali é saneada. Por onde passar o rio haverá todo tipo de animais e de peixes. Porque essa água flui para lá e saneia a água salgada; de modo que onde o rio fluir tudo viverá. Pescadores estarão ao longo do litoral; desde En-Gedi até En-Eglaim haverá locais próprios para estender as redes. Os peixes serão de muitos tipos, como os peixes do mar Grande. Mas os charcos e os pântanos não ficarão saneados; serão deixados para o sal. Árvores frutíferas de toda espécie crescerão em ambas as margens do rio. Suas folhas não murcharão e seus frutos não cairão. Todo mês produzirão, porque a água vinda do santuário chega a elas. Seus frutos servirão de comida, e suas folhas de remédio (Ezequiel 47.1-12).

Podemos receber muita revelação nessa visão. Em primeiro lugar, observe que o rio, que representa a graça de Deus assim como a água do tanque, flui debaixo da porta do santuário e se torna mais fundo quanto mais se afasta do santuário. Isso retrata um *movimento* em que a presença de Deus se torna mais poderosa à medida que as pessoas levam consigo essa presença para o mundo — trabalho, casa, escola e, assim por diante. Quanto mais os santos se afastam do santuário, mais profundamente a graça de Deus penetra na escuridão. Em outras palavras, os maiores milagres e as mais poderosas expressões do Reino estão destinados a acontecer nos piores lugares do Planeta, não dentro das paredes de um prédio.

> OS MAIORES MILAGRES E AS MAIS
> PODEROSAS EXPRESSÕES DO REINO
> ESTÃO DESTINADOS A ACONTECER NOS PIORES
> LUGARES DO PLANETA.

No tanque de Betesda, os necessitados precisavam vir a um local central para serem curados, mas no modelo governamental apostólico o rio flui através da cidade, e todos que ele toca são curados e restaurados. A palavra "apóstolo" significa "enviado", por isso a metáfora do rio é tão adequada ao apostolado. Os pastores *reúnem*, como o tanque, mas os apóstolos *enviam,* como o rio.

Os apóstolos não são apenas *enviados;* são enviados com um propósito específico. A palavra "apóstolo" provém do mundo secular romano. Os romanos eram muitos agressivos no que dizia respeito à expansão do império. Eles empregavam sabiamente a estratégia de Alexandre, o Grande, que consolidou o Império Grego conquistando reinos e impondo sua cultura. Sem a introdução da cultura, os povos conquistados não assimilariam o novo governo e identidade nacional. Os romanos criaram missões diplomáticas para aculturar as cidades conquistadas, de modo que, quando estivessem em Roma, as pessoas agiriam como os romanos. Os generais romanos, também chamados de apóstolos, conduziam, na maior parte das vezes, essas missões diplomáticas.

É interessante que quando Jesus promoveu os discípulos de aprendizes a líderes, não os chamou de "patriarcas". Eles teriam

O início da era apostólica • **65**

alguma ideia de como os patriarcas lideravam, pois já tinham o modelo do Antigo Testamento. Tampouco chamou os discípulos de sacerdotes, profetas ou rabinos, pois também já havia padrões estabelecidos para esses papéis. Em vez disso, chamou-os por um título romano que definiria para sempre sua responsabilidade e autoridade ministerial. Assim como os exércitos romanos que primeiro lutavam pelo território e, em seguida, educavam o povo conquistado conforme os costumes romanos, os apóstolos de Jesus foram comissionados para substituir o poder das trevas pelo poder de Deus e trocar a autoridade do inimigo pelo governo de Deus, de modo que a conduta do Reino influenciasse cada aspecto da sociedade.

Vemos a missão dos apóstolos expressa na única oração-modelo que Jesus ensinou a seus líderes. Jesus disse: "Vocês, orem assim: 'Pai nosso que estás nos céus! Santificado seja o teu nome. Venha o teu Reino; seja feita a tua vontade, assim na terra como no céu' " (Mateus 6.9,10). A ênfase na Oração Dominical é que a terra se torne como o céu. Da mesma forma que os romanos deveriam fazer que as cidades conquistadas se parecessem com Roma, fomos comissionados a trazer o céu à terra até que a vontade de Deus seja feita aqui exatamente como é feita lá!

A ÊNFASE NA ORAÇÃO DOMINICAL É QUE
A TERRA SE TORNE COMO O CÉU.

Essa comissão define a natureza de uma estrutura apostólica de governo. Um apostolado define os três fatores de governo da seguinte forma: O líder é um apóstolo, alguém enviado para estabelecer a cultura do céu na terra. Os que seguem um apóstolo são os que buscam que o céu se manifeste na vida deles e sejam

66 • CHUVA ABUNDANTE

enviados para levar o céu aonde quer que forem. Apostolados florescem em épocas quando as pessoas percebem que seu propósito principal é transformar a cultura da terra com a cultura do céu.

A transição

No final de 2007, o Senhor falou comigo: "A humanidade acabou de entrar em uma nova época apostólica. Até agora, o mundo moderno nunca experimentou o verdadeiro poder de um apóstolo, porque os apóstolos surgiram em uma forma de governo pastoral que restringe, reprime e, com frequência, usurpa sua habilidade para governar". Na grande maioria, a Igreja só deu autoridade a seus apóstolos para plantar igrejas. Mas os apóstolos nunca deveriam ser meros fundadores de igrejas; eles foram chamados para transformar o mundo!

Um líder pode fundar cem igrejas em cidades diferentes por todo o mundo, mas, se essas igrejas não levarem uma transformação cultural a suas cidades, então não serão apostólicas. Transformação cultural é sinônimo de ministério apostólico. Pense a respeito. Se, semana após semana, nas manhãs de domingo reunirmos 5 mil pessoas em uma cidade de meio milhão de habitantes e, mesmo assim, o índice de criminalidade permanecer inalterado, o índice de câncer não for afetado, o índice de divórcios continuar a crescer e a economia declinar, o que dizer sobre o povo de Deus dessa cidade? Se devemos ser sal e luz e se todas as nações da terra devem ser abençoadas em nós, então as estatísticas negativas das nossas cidades não seriam um comentário a nosso respeito? Veja o comentário sobre a igreja do século I: Os governantes da cidade estavam exclamando: "Esses homens, que têm causado alvoroço por todo o mundo, agora chegaram aqui" (Atos 17.6). O que dizer de nós se, com milhares de cristãos, não conseguimos nem transformar uma cidade?

O início da era apostólica • **67**

A verdade é que a forma pastoral de governo não foi concebida para transformar cidades. Essa forma foi desenvolvida para atrair pessoas, criar uma cultura onde rebanhos se reúnem para ficarem saudáveis e felizes. Pastorados são, em certo nível, irrelevantes para a cultura de suas cidades, pois suas estruturas governamentais são implantadas para congregar, não para distribuir. Esse princípio fica evidente quando observamos as estatísticas das cidades americanas. Demograficamente, as cidades dos Estados Unidos que possuem as maiores populações cristãs ativas também possuem as piores estatísticas sociais do país (com poucas exceções). Em outras palavras, as cidades que têm os maiores índices de criminalidade, o maior número de divórcios, a maior quantidade de abortos *per capita*, os mais altos índices de pobreza e as piores estatísticas de saúde são também aquelas em que mais pessoas frequentam a igreja. Precisamos entender que reunir cristãos por duas horas nas manhãs de domingo *não* é sinônimo de transformação cultural! Os pastorados são culturalmente ineficazes por natureza.

A VERDADE É QUE A FORMA PASTORAL
DE GOVERNO NÃO FOI CONCEBIDA
PARA TRANSFORMAR CIDADES.

Apostolados, por outro lado, desenvolvem-se como o princípio de treinar, equipar e mobilizar os cristãos para alterarem radicalmente a sociedade. A mensagem primordial dos apostolados é que o Reino de Deus está próximo e sua estratégia principal é demonstrar o poder de Deus nos lugares mais escuros do Planeta. O governo apostólico, assim como o rio de Ezequiel, cria uma atmosfera espiritual que afeta tudo o que toca, desde os peixes (pessoas) no rio até as árvores (nações e cidades) ao longo de suas margens.

Onde quer que o rio flua, as coisas são curadas, renovadas e passam a ser sobrenaturalmente produtivas (produzindo fruto todos os meses em vez de apenas em uma estação do ano). Esse rio é a metáfora perfeita para a era apostólica que está despontando.

> A mensagem principal dos apostolados é que o Reino de Deus está próximo.

Apostolados capacitam pastorados

Obviamente, para colocar pessoas nos lugares mais escuros do Planeta, os cristãos precisam estar unidos, saudáveis e felizes. É impossível criar uma cultura ao nosso redor se ela não estiver dentro de nós. Portanto, é essencial que os apostolados edifiquem e capacitem pastorados que desenvolvam ovelhas felizes e saudáveis. Na verdade, dependendo do *metron* do apóstolo, um apostolado pode ter muitos pastorados sob sua cobertura. A transição de uma forma de governo de pastorado para uma apostólica não elimina o pastorado, mas reposiciona-o dentro do propósito maior de uma missão apostólica.

Esta é uma época de mudança em que Deus ainda está enfatizando a *reunião,* mas no contexto da *distribuição.* Os pastorados ainda vão reunir as ovelhas, mas não buscarão deixá-las saudáveis e felizes como um fim em si mesmo, mas como uma preparação para serem enviadas para transformar o mundo.

Tanque de reunião

É essencial que os governadores dos cinco ministérios unam-se em um tanque de forma que facilite suas posições em Cristo e os capacite a agir em suas funções dadas por Deus. Assim o Corpo será equipado com a graça para *edificar-se* em amor enquanto cumpre a

O início da era apostólica • **69**

Grande Comissão de fazer discípulos de todas as nações. Ao fazer essa transição, reuniões como os cultos das manhãs de domingo deixarão de ser reuniões sociais e passarão a ser sessões de treinamento sobrenatural do Espírito Santo! Nossos cultos continuarão a abranger adoração, comunhão, cura, profecia, ensino e assim por diante, mas tendo o propósito apostólico da reforma cultural no centro de tudo.

No livro de Isaías, há um excelente exemplo do fruto do ministério pastoral e da missão apostólica fluindo juntos para um único tanque. Primeiro, o profeta Isaías anuncia a restauração individual das pessoas em todas as áreas da vida:

O Espírito do Soberano, o Senhor, está sobre mim, porque o Senhor ungiu-me para levar boas notícias aos pobres. Enviou-me para cuidar dos que estão com o coração quebrantado, anunciar liberdade aos cativos e libertação das trevas aos prisioneiros, para proclamar o ano da bondade do Senhor e o dia da vingança do nosso Deus; para consolar todos os que andam tristes, e dar a todos os que choram em Sião uma bela coroa em vez de cinzas, o óleo da alegria em vez de pranto, e um manto de louvor em vez de espírito deprimido. Eles serão chamados carvalhos de justiça, plantio do Senhor, para manifestação da sua glória (Isaías 61.1-3).

Em seguida, Isaías continua profetizando que essas mesmas pessoas que vivenciaram a transformação pessoal devem ser comissionadas a reconstruir suas cidades: "Eles reconstruirão as velhas ruínas e restaurarão os antigos escombros; renovarão as cidades arruinadas que têm sido devastadas de geração em geração" (Isaías 61.4).

70 · Chuva Abundante

Esse é um ótimo exemplo do trabalho de equipe entre apóstolos e pastores, resultando em pessoas saudáveis e felizes que causam impacto positivo e dinâmico em suas cidades. Precisamos dos cinco ministérios trabalhando em harmonia como uma bela orquestra, tendo o apóstolo como maestro.

A história de Bethel

Quando Bill e Beni Johnson passaram a liderar a Bethel Church em 1996, a igreja era definitivamente um pastorado. Eles substituíram Ray Larson, um pastor com os cinco ministérios que realmente amava os perdidos. A igreja era como um candelabro, e, sob sua liderança, a congregação se tornara um bom lugar para as pessoas serem salvas e discipuladas. Ele e sua liderança fizeram um excelente trabalho, e a igreja passou de algumas centenas de pessoas para uma congregação de quase 2 mil pessoas em oito anos. Eles capacitaram líderes para o ministério da igreja, enfatizaram relacionamentos em reuniões sociais, formaram equipes de esportes, produziram grandes apresentações de Natal e de Páscoa e eventos comunitários, fundaram escolas cristãs e assim por diante. As pessoas se sentiam cuidadas e ligadas umas às outras.

Kathy e eu nos unimos a Bill em 1998. A igreja já estava em meio a uma transição muito rápida do pastorado para o apostolado. Bill é um apóstolo incrível que recebeu uma ordem de reformar a Igreja, e eu sou um profeta com uma paixão pela transformação cultural. Debaixo dessa nova missão, a igreja passou a ser um dinamizador de um movimento focado nos princípios centrais da bondade de Deus e do poder sobrenatural do Espírito Santo.

Ficou, porém, evidente, por trás dos bastidores, que precisávamos desesperadamente de um pastorado no nosso movimento. Não é que não tivéssemos pastores na equipe. Nós os tínhamos.

Na verdade, tínhamos oito pastores. O que precisávamos era de uma estrutura que os fortalecesse, valorizasse sua abordagem ministerial e suprisse suas necessidades de um contexto relacional maior na igreja.

Nesse período, descobrimos que pastores precisam de uma forma de governo de pastorado para serem bem-sucedidos, mas a maioria deles não consegue implantar a estrutura sozinho. É preciso um pastor/edificador especial para construir as calçadas necessárias, por assim dizer, que conduzam ao destino de seu chamado e função.

Outro componente importante para capacitar pastores de forma bem-sucedida é que apóstolos e profetas sejam sensíveis à perspectiva e cosmovisão pastorais. A própria virtude do chamado pastoral faz que tenham uma abordagem da vida dramaticamente diferente. Em alguns aspectos, valores centrais apostólicos e proféticos às vezes parecem enfraquecer aqueles valores que consolidam o cuidado pastoral. Por exemplo, apóstolos e profetas, por natureza, tendem a enfatizar milagres, curas e outras intervenções sobrenaturais de Deus. Em apostolados, tende a se destacar o que é instantâneo, imediato e espontâneo. O efeito colateral dessa perspectiva é que os lentos processos pastorais de restauração comuns no aconselhamento, discipulado e cuidado com os doentes crônicos que ainda precisam experimentar a cura parecem ser desvalorizados. Os verdadeiros pastores dos cinco ministérios trabalham melhor em um ambiente altamente relacional em que podem, com o tempo, conduzir as pessoas à integridade por meio do amor.

Bill e eu percebemos que precisávamos de alguém que abrisse caminhos para capacitar nosso ministério pastoral. Tendo isso em mente, em 2001 trouxemos Danny e Sheri Silk para nossa equipe a fim de que desenvolvessem uma estrutura de pastorado. Nos cinco anos seguintes, eles agregaram e capacitaram uma equipe pastoral que alimentou o povo, deixando-o saudável. Danny iniciou o Centro de Transformação que integra mais de 50 pessoas ungidas e treinadas no ministério de aconselhamento e libertação. Em seguida, fundou o ministério Plantão de Pastores para pessoas com emergências que não podem esperar por um encontro marcado. Sob a orientação de Danny, a maior parte desse ministério é realizada por voluntários. Ele treinou uma equipe que ministra àqueles que esperam por uma cura. Recentemente, desenvolveu a Escola de Transformação, que treina e equipa líderes na nossa rede apostólica para reproduzir culturas saudáveis em suas próprias igrejas locais. Danny e Sheri são ótimos exemplos de pastores dotados que ensinam o que sabem e implantam estruturas governamentais de pastorado.

Estrutura e ingredientes certos

Todos os cinco ministros necessitam de estruturas governamentais que os fortaleçam e tratem suas fraquezas. Neste capítulo nos concentramos em apenas dois deles. Mas, sem um governo desenvolvido especificamente para profetas, mestres e evangelistas, eles também serão em grande medida ineficazes.

> TODOS OS CINCO MINISTROS NECESSITAM DE ESTRUTURAS GOVERNAMENTAIS QUE OS FORTALEÇAM E TRATEM SUAS FRAQUEZAS.

Um dos sintomas da disfunção governamental é a ênfase exagerada ou o desprezo de determinado serviço. Por exemplo, se o ministério pastoral tem "caminho livre" e o ministério profético tem de atravessar "trilhas acidentadas", a segurança será

O início da era apostólica • **73**

exageradamente enfatizada e a aventura e o risco serão desprezados. Pastores trabalham para criar lugares seguros para as pessoas crescerem. Gostam de ambientes previsíveis que não assustem o rebanho. Isso, porém, pode levá-los a subestimar outros elementos da natureza de Cristo. Precisamos lembrar que o mesmo Jesus que levou pecadores a se sentirem à vontade com ele também virou mesas, expulsou cambistas do templo com um azorrague, comparou uma mulher a cães e afastou os líderes religiosos daquele tempo.

Se não há graça evangelística suficiente fluindo para o tanque congregacional, a Igreja ficará estagnada no antigo crescimento e, na prática, não haverá planejamento de sucessão. Se o ministério evangelístico for exagerado (o que é impossível, segundo a maioria dos evangelistas) a Igreja, falando metaforicamente, será um imenso berçário, sem ninguém qualificado para cuidar dos bebês.

Quando falta a adequada influência dos mestres dos cinco ministérios, os fundamentos bíblicos dão lugar a experiências e sentimentos subjetivos. Quando o papel do mestre é exagerado, os cristãos terão informação demais, mas sem experiência.

É preciso todos os cinco serviços — apóstolos, profetas, evangelistas, pastores e mestres — para equipar um Corpo que funcione plenamente. Qualquer padeiro sabe que não é suficiente ter os ingredientes certos para fazer um bolo gostoso; é preciso colocar a quantidade certa de cada ingrediente. Um bom governo dá lugar a todos os cinco ministérios proporcionalmente para que haja a quantidade certa de cada ingrediente (serviço) no Corpo de Cristo.

CAPÍTULO 3

"Sr. Gorbachev, derrube este muro!"

Espíritos excelentes sempre enfrentaram oposição violenta
dos medíocres. Estes não conseguem entender quando um homem
não se submete irrefletidamente a preconceitos hereditários,
mas usa a inteligência com coragem e honestidade.
ALBERT EINSTEIN

Serpentes e pombas

Se realmente estamos vivendo um novo tempo em que Deus está nos tirando do pão bolorento do denominacionalismo e nos dando o maná fresco do apostolado cuja principal manifestação é a transformação cultural, então devemos perguntar: Como trazemos, de forma prática, a influência do Reino para este planeta enfermo? Há uma forma de expor 7 bilhões de pessoas ao nosso Rei maravilhoso e abrir um caminho para que seu Reino superior revolucione a mentalidade do mundo?

Jesus disse: "Eu os estou enviando como ovelhas entre lobos. Portanto, sejam astutos como as serpentes e sem malícia como as pombas" (Mateus 10.16). Também disse: "Pois os filhos deste mundo são mais astutos no trato entre si do que os filhos da luz" (Lucas 16.8). É tempo de estudarmos as táticas das serpentes e dos filhos deste mundo para que possamos rivalizar suas estratégias e subjugar seus propósitos!

É TEMPO DE ESTUDARMOS AS TÁTICAS
DAS SERPENTES E DOS FILHOS DESTE MUNDO PARA
QUE POSSAMOS RIVALIZAR SUAS ESTRATÉGIAS
E SUBJUGAR SEUS PROPÓSITOS!

"Sr. Gorbachev, derrube este muro!"

Permita-me mostrar alguns exemplos de técnicas do mundo que influenciaram muito o curso da História e contrastá-las com a abordagem da Igreja a fim de aprendermos algumas lições valiosas.

Iniciei o ensino fundamental em 1961, no auge da guerra fria. Recordo-me claramente das professoras da escola de ensino fundamental nos instruindo a como reagir no caso de um ataque russo. Oitocentas crianças com o coração saltando pela boca arrastavam-se para a "segurança" de suas pequenas classes enquanto soava nos alto-falantes o alarme de ataque aéreo.

Ainda me lembro de ficar acordado à noite quando era garotinho, imaginando aviões de guerra sobrevoando nossa casa e lançando bombas no bairro. Puxava as cobertas sobre a cabeça, tremendo com as ideias que eram inculcadas na minha mente jovem. Meu tio Joe, que vivia a alguns quilômetros de distância, gastou dois anos e milhares de dólares transformando seu quintal em um abrigo antibombas subterrâneo. Ainda me lembro de meus pais nos dizendo para nos encontrarmos no abrigo antibombas de meu tio no caso de um ataque aéreo. Uma vez por mês, as estações

76 • CHUVA ABUNDANTE

de rádio testavam seus sistemas de transmissão de emergência. É claro que avisavam antes e depois do alerta: "Este é apenas um teste do sistema de transmissão de emergência". Mas, se você ligasse o rádio no meio de um desses "testes", tinha de esperar o que parecia uma eternidade para descobrir se a região estava sendo atacada!

Aqueles eram tempos de incerteza, muita ansiedade e extrema apreensão. Entretanto, algo aconteceu entre aqueles primeiros anos da escola de ensino fundamental e 1989. Sem que um tiro fosse disparado nem uma bomba lançada, a Cortina de Ferro se desintegrou. Sem que isso tivesse relação alguma com a ameaça da força militar americana. Não, foi um trabalho interno. As pessoas derrubaram o muro do comunismo por si próprias. Mas como, depois de anos e anos de medo, ameaças e intimidação, de repente o comunismo caiu como um castelo de cartas? Bem, essa é uma ótima pergunta e tem sido discutida por algumas das mentes mais brilhantes do nosso tempo. Certamente Ronald Reagan, Margaret Thatcher, João Paulo II, Lech Walesa, Mikhail Gorbachev e Boris Yeltsin tiveram muito a ver com isso. Mas a resposta simples é que aconteceu uma grande mudança *dentro* do coração das pessoas comunistas, e essa mudança exigiu que, exteriormente, fossem tratadas de forma diferente.

Conheça os Beatles

Quando os *Beatles* estrearam em meados da década de 1960, a KGB russa analisou a música e declarou os discos ilegais. Naqueles dias, a única forma de comprar um álbum dos *Beatles* na URSS era no mercado negro, e ele era vendido por mais de 100 dólares cada! "Por que eles foram proibidos?", você poderia perguntar. Porque os russos acreditavam que, se seus cidadãos fossem expostos à música dos *Beatles*, perceberiam que havia pessoas felizes no mundo e derrubariam o governo opressivo.

"*Sr. Gorbachev, derrube este muro!*" • **77**

Acontece que esses temores não eram completamente infundados. Em um documentário que assisti sobre a URSS, o comentarista chegou a atribuir o fim da guerra fria e a queda do comunismo aos *Beatles*,[1] o que é um enorme exagero; mas há uma parcela de verdade na afirmação. As pessoas são transformadas no interior quando são expostas a novas ideias no exterior. Quer essas ideias sejam falsas quer verdadeiras, as mudanças internas ocorrem desde que as pessoas expostas a elas acolham as informações como corretas. (É claro que a transformação em si não é necessariamente positiva. Os efeitos dessas ideias no longo prazo são determinados principalmente pelos conceitos serem ou não de fato verdadeiros.)

EM UM DOCUMENTÁRIO SOBRE A URSS
O COMENTARISTA NA VERDADE ATRIBUIU
AOS BEATLES O FIM DA GUERRA FRIA
E A QUEDA DO COMUNISMO.

É interessante chamarmos as ideias novas de *in-formação*. Os pensamentos realmente formam estruturas no interior das pessoas que acabam exigindo novas estruturas ao redor. Quando se iniciam metamorfoses internas, as circunstâncias externas que antes estavam de acordo com o estilo de vida da pessoa, passam a ser barreiras e restrições deliberadas para seu novo senso de propósito e destino.

Em última instância, novas mentalidades perpetuam épocas de mudança transitórias que geralmente forçam mudanças governamentais. Novos padrões de liderança surgem do que sobra dessas convulsões sociais.

---

[1] Paul McCartney in **Red Square**: A Concert Film. Produção de Mark Haefeli. A&E Home Vídeo, 2003.

Lição do Iraque

Grandes líderes sabem que mudanças reais só acontecem quando as pessoas são transformadas de dentro para fora, não de fora para dentro. O reino invisível dentro de uma pessoa com o tempo passa a ser o reino visível a seu redor.

> O REINO INVISÍVEL DENTRO DE UMA PESSOA COM O TEMPO PASSA A SER O REINO VISÍVEL AO SEU REDOR.

A Guerra do Iraque nos ensinou lições profundas sobre esse princípio. Aprendemos (e ainda estamos aprendendo) do modo mais difícil que derrubar um ditador não é tão difícil como substituí-lo. Derrotamos Saddam Hussein em trinta e sete dias e declaramos vitória no convés do porta-aviões *USS Abraham Lincoln*. Mas gastamos vários anos e perdemos a vida de mais soldados ainda tentando estabelecer uma democracia em um país que, por centenas de anos, conheceu somente a tirania.

O verdadeiro desafio é conseguir mudar a visão de mundo das pessoas quando esta foi distorcida por princípios básicos equivocados. Por exemplo, o princípio mais básico da democracia é a liberdade que transfere poder às pessoas. O maior desafio de substituir uma ditadura por uma democracia é ensinar pessoas que viveram, na prática, em escravidão a tomar decisões benéficas para si e por si mesmas. Cidadãos livres têm o direito e a responsabilidade de decidir quem irá liderá-los e votar nas leis que guiarão a sociedade em que vivem. Mas, com frequência, pessoas que foram libertas depois de terem sido controladas por toda a vida não sabem como se comportar em uma cultura de liberdade e, em pouco tempo, constroem outras prisões.

A mentalidade do povo iraquiano é manipulada pela religião nacional predominante, o islamismo, que por natureza cria uma cultura de controle que exige disciplina e submissão extrema à liderança e dá pouco valor à liberdade, à autonomia e à independência. Por outro lado, gostemos ou não, o governo democrático nasceu dos primórdios gregos e foi muito influenciado pela visão de mundo judaico-cristã que valoriza o livre-arbítrio, não o controle. Lembre-se: é a Bíblia cristã que ensina que Deus colocou duas árvores no jardim do Éden. Desde o princípio da criação, foi o Deus da Bíblia, não o deus do *Alcorão*, que instituiu o conceito de livre-arbítrio e escolha. (Um pouco à frente, falaremos mais sobre isso.)

O desfecho do Iraque ainda está em jogo, mas a maior batalha não está sendo travada nas ruas de Bagdá ou de qualquer outra cidade iraquiana; o conflito supremo está sendo travado no campo de batalha do coração e mente de homens e mulheres. O futuro do Iraque será, em última análise, determinado pela cultura cultivada na alma de seu povo.

O FUTURO DO IRAQUE SERÁ, EM ÚLTIMA ANÁLISE,
DETERMINADO PELA CULTURA CULTIVADA
NA ALMA DE SEU POVO.

Guerra de ideias

Como é travada essa batalha interior? Quais são as armas dessa guerra e como se assegura a vitória? Essas são as perguntas que os grandes líderes devem fazer e compreender se quisermos ajudar eficazmente e causar uma reforma global.

As pessoas são transformadas ao serem expostas a novas ideias e quando as acolhe. A necessidade de exposição é óbvia; as pessoas não

80 · Chuva Abundante

podem vir a ser o que ainda não viram nem ouviram. A Igreja compreende isso muito bem. Estamos convencidos de que pregar a Palavra de Deus às pessoas as transforma. Mas o que deixamos de compreender é que as pessoas só acolhem as ideias que consideram de valor e recebem melhor essas ideias de pessoas que alcançaram sua simpatia. Então, a pergunta essencial é: Como fazer que as pessoas valorizem as ideias do Reino?

> As pessoas não podem vir a ser o que
> ainda não viram nem ouviram.

Pense a respeito: como os *Beatles* propagaram suas novas filosofias radicais para as massas? Eles escondiam as mensagens em músicas que todos adoravam. As pessoas valorizavam as melodias, o que fez que gostassem dos *Beatles*, levando, por fim as massas a acolher suas letras. Esses são os elementos necessários para que a verdadeira transformação aconteça dentro das pessoas: elas devem ser expostas a novas ideias, precisam gostar do mensageiro, bem como valorizar a mensagem.

> Nossa influência sobre as pessoas
> é equivalente a quanto elas nos valorizam.

Os cristãos têm dificuldade para entender que nossa influência sobre as pessoas é equivalente a quanto elas nos valorizam. Sempre que nossa influência na vida das pessoas transcender quanto nos valorizam, nossas ideias serão rejeitadas e a verdadeira mudança será perdida. Na verdade, as pessoas se sentem manipuladas quando tentamos persuadi-las além do valor que elas nos atribuem.

Lições da comunidade homossexual

A comunidade homossexual nos Estados Unidos dominou esse princípio de relacionar suas propostas com algo que as pessoas valorizem a fim de transformar a mentalidade delas. Por exemplo, você já assistiu ao canal HGTV? Teoricamente, é um canal de decoração e reforma da casa. Contudo, há uma mensagem sutil, mas muito poderosa, sendo proclamada na forma com que os temas são abordados. A mensagem é que o estilo de vida homossexual é normal. Embora menos de 3% dos americanos sejam homossexuais, um porcentual muito alto de episódios tem como protagonistas casais homossexuais.

A melhoria do lar é um excelente pano de fundo para propagar a proposta homossexual. Em primeiro lugar, relaciona aos homossexuais pessoas heterossexuais que têm interesse semelhante por decoração. Há uma mensagem oculta sendo proclamada nessa associação de que heterossexuais e homossexuais têm "muito" em comum. Segundo, permite que os produtores retratem casais homossexuais em um ambiente familiar, semelhante ao de famílias tradicionais. Muitos desses programas mostram casais homossexuais com seus filhos enquanto compram, reformam ou renovam sua casa. O objetivo deles é claro: "Venha e dê uma olhada. Você verá como nos parecemos com qualquer outro casal. Nossa família não é diferente da família de vocês". Ao vincular sua mensagem a algo que as pessoas valorizam, os defensores da normalidade da homossexualidade conquistam espaço para expor suas ideias radicais para o público.

A estratégia deles é tão bem planejada que me impressiona. A maioria de seus programas também apresenta casais heterossexuais. Poderíamos perguntar, então, por que mostrariam casais heterossexuais se seu objetivo é promover o estilo de

82 • CHUVA ABUNDANTE

vida homossexual? Mostram ambos porque sabem que, se o canal apresentasse apenas homossexuais em seus programas, sua audiência seria reduzida ao pequeno porcentual da população que já é *gay* ou simpatizante da causa e não poderiam proclamar sua mensagem para as massas. Você pode apostar que o HGTV não está tentando entreter homossexuais; está tentando converter heterossexuais a seu ponto de vista! É um evangelismo homossexual mascarado sob o tema de reformas do lar. Permita-me dizer uma coisa: é um plano brilhante e está funcionando.

Nos últimos vinte anos, as propostas homossexuais têm influenciado massivamente a atmosfera dos Estados Unidos e estão conseguindo isso com apenas uma pequena parcela da população. Uma pesquisa Gallup de 2002 perguntou aos americanos que porcentual da população era homossexual. As respostas foram reveladoras. Os cidadãos pesquisados pensavam que o porcentual de *gays* e lésbicas residindo nos Estados Unidos era de cerca de 20%! Lembre-se: é menos de 3%. (Mesmo a Força-Tarefa Nacional de *Gays* e Lésbicas estima que os homossexuais sejam de 3% a 8% da população.[2]) É muito difícil para a pessoa comum conceber que um porcentual tão pequeno da população possa exercer tanto controle sobre uma nação.

Você já notou que, diferentemente do HGTV, na maioria das vezes nossos programas de TV religiosos são produzidos por cristãos para cristãos? Geralmente, em algum momento os produtores lançam algum tipo de mensagem evangelística de modo que todos os "pré-cristãos" que *não* estão assistindo abraçarão a causa do Reino e nascerão de novo.

---

[2] ROBISON, Jennifer. **What Percentage of the Population is Gay**. Gallup, 8 out. 2002. Disponível em: <www.gallup.co/poll/6961/what-percentage-population-gay.aspx>.

Quando é que nós, cristãos, começaremos a ter uma influência estratégica? Falta-nos tanta estratégia que chega a ser embaraçoso! Vamos a paradas do orgulho *gay* segurando cartazes e protestando em nome de Deus contra o estilo de vida deles. Suspeito que só queremos deixar claro para a comunidade homossexual como nos sentimos em relação à orientação sexual deles. Gente, esses cartazes estão causando tanto impacto na comunidade de *gays* e lésbicas. Eles estão caindo de joelhos nas ruas, implorando o perdão de Deus. *Não!*

Ódio pela causa de Cristo

Às vezes acho que, como cristãos, agimos apenas para aliviar nossa consciência. Não somos tolos a ponto de acreditar que nossos cartazes, por exemplo, estão de fato influenciando os homossexuais. Cartazes certamente não era o que Jesus tinha em mente quando nos enviou para fazermos *sinais* e maravilhas. Entretanto, para uma igreja impotente, os sinais se transformaram em cartazes! Penso que nos sentimos cristãos radicais quando tomamos uma posição pela retidão. Parece que não percebemos que, na verdade, estamos prejudicando nossa causa ao destruirmos qualquer estima que a população homossexual possa sentir por nós. O antigo adágio ainda é verdadeiro: As pessoas não se importam com o que você sabe até que saibam que você se importa.

PARA UMA IGREJA IMPOTENTE, OS SINAIS
SE TRANSFORMARAM EM CARTAZES!

Ofendendo o povo

Eu estava lecionando em uma escola ministerial algum tempo atrás. Quando entrei na sala de aula, alguns alunos estavam na

84 • Chuva Abundante

frente da sala compartilhando testemunhos de um evangelismo em um *shopping* no centro da cidade no dia anterior. O primeiro "testemunho" era que os seguranças os expulsaram do lugar por tentarem ministrar aos consumidores nas lojas. Enquanto contavam a história, a sala irrompeu em gritos, aplausos e aclamações.

E eu sentado pesaroso. Não há glória em ofender, sem motivo algum, as pessoas que estamos tentado alcançar, principalmente em um país que protege o direito à liberdade de expressão. O objetivo é levar as pessoas para o Reino pelo amor.

Com certeza, você pode ser rejeitado no processo de compartilhar esse amor, e Jesus nos disse que não nos deveríamos surpreender com esse tipo de perseguição. Ele até mesmo disse: "Bem-aventurados serão vocês, quando os odiarem, insultarem e expulsarem, e eliminarem o nome de vocês como sendo mau, por causa do Filho do homem" (Lucas 6.22). Mas há uma grande diferença entre ser odiado "por causa do Filho do homem" e ser rejeitado por estarmos sob o espírito de tolice, rudeza ou ridículo.

Algumas pessoas têm um complexo de mártir que perverteu seu senso de justiça. Têm a ilusão de que, sempre que compartilham o evangelho com alguém e a pessoa dá as costas, de alguma forma foram rejeitadas pela causa de Cristo. Essas pessoas pegam os textos sobre a verdadeira perseguição na Bíblia e interpretam como se o desprezo dos não cristãos fosse um bom sinal. Mas em lugar algum Jesus nos diz que a rejeição era o objetivo. Não devemos confundir o propósito com o processo.

Não devemos confundir o propósito com o processo.

Minha história

Muitas vezes tive vontade de me esconder ao ver alguns cristãos pregarem para as pessoas. Eu ficava muito envergonhado pela forma com que tratavam as próprias pessoas que estavam querendo ganhar. Com uma atitude dessas, poderiam dar um cheque de 1.000 dólares e mesmo assim seriam rejeitados. Entretanto, preciso ser honesto, meu entendimento sobre esse tipo de ministração veio por meio da minha própria experiência de que ser radical não significa ser rude. Precisamos de métodos que não destruam a mensagem.

Em 1977, Kathy e eu nos mudamos da área da baía de San Francisco para uma pequena comunidade de 3 mil habitantes nas montanhas da Carolina do Norte, onde vivemos por vinte e um anos. Naquela época, éramos donos de vários serviços automotivos, incluindo um posto de combustível localizado na Main Street. Na frente do posto, bem próximo à rua, tínhamos um letreiro grande onde exibíamos diversas citações ou mensagens todos os dias.

No fim dos anos 1980, a Planned Parenthood, clínica líder em abortos no país, estava determinada a abrir uma filial na nossa comunidade. Toda a comunidade cristã ficou muito preocupada. Decidi liderar um movimento contra a Planned Parenthood a fim de impedi-la de abrir uma clínica na cidade. Pesquisei detalhadamente a organização, examinei seu fundador, sua história e o impacto que causara em outras cidades. Então, de um lado do nosso letreiro escrevi: PLANNED PARENTHOOD, VÁ PARA CASA e, do outro lado, escrevi: ABORTO É ASSASSINATO. Deixei aquela placa por meses.

Fui a todos as reuniões da Planned Parenthood com a comunidade, levando algumas centenas de cristãos comigo.

Nós superávamos de longe as 20 a 30 pessoas defensoras da Planned Parenthood que participavam das reuniões. Tão logo os líderes da Planned Parenthood começavam a falar, eu ficava de pé, interrompia-os e fazia perguntas contundentes. É claro que eles não podiam dar uma resposta honesta ou direta a qualquer das minhas perguntas sem serem condenados pela multidão em defesa da vida. Portanto, a multidão aclamava e aplaudia cada uma das minhas perguntas. Os líderes da clínica ficavam bastante intimidados pelo clima geral da multidão. Quem poderia culpá-los?

Finalmente, a questão foi levada à câmara municipal para ser decidida. Foi preciso cancelar a primeira reunião e mudar para um local maior que acomodasse o grande número de pessoas, e, mais uma vez, comparecemos em peso. Quando os supervisores convidaram os representantes dos diferentes pontos de vista para irem ao microfone expor sua visão, falei em nome dos defensores da vida enquanto eles aclamavam e aplaudiam. Quando outros expressavam um ponto de vista diferente, zombávamos, vaiávamos e deixávamos que todos no recinto soubessem que não respeitávamos suas opiniões. Quando a sessão acabou, a câmara municipal havia votado quase unanimemente a favor de que a Planned Parenthood abrisse uma clínica na comunidade, e ela permanece lá até hoje!

Como se pode imaginar, pensei muito sobre essa experiência, tentando compreender o que acontecera. Ainda não tenho certeza do que aconteceu naquele dia. Não sei se as pessoas da câmara municipal de fato votaram a favor da Planned Parenthood ou se sua decisão foi uma forma de protesto contra o desrespeito que demonstramos aos nossos oponentes. Ainda mais séria é a possibilidade de a nossa atitude ter atado as mãos de Deus, impedindo-o de agir a nosso favor. Estou certo de que expusemos corretamente as perspectivas de Deus sobre a questão do aborto, mas com certeza não expressamos seu coração em relação aos que discordavam de nós. Desonramos, depreciamos e desrespeitamos pessoas criadas à imagem de Deus para que pudéssemos provar que aquelas pessoas a favor do aborto não valorizavam a vida humana carregada no ventre de uma mulher. Para nós, o fim justificava os meios. Não nos preocupávamos com o processo porque estávamos convencidos de que o propósito era correto.

Vários anos mais tarde, passei por um processo de identificar e escrever as virtudes pelas quais prometia viver o resto da vida. A quinta virtude da lista veio da experiência com a Planned Parenthood. Escrevi: "Tratarei todas as pessoas com respeito, quer amigos quer inimigos, pois foram criados à imagem de Deus". Isso não significa que seja contrário a protestos pacíficos ou outras demonstrações públicas de desaprovação. Mas sou contrário a atos de desrespeito, desonra ou ódio para com qualquer pessoa, quer concorde com seus valores quer não.

Podemos nos unir a eles

Em contrapartida, há um segmento da comunidade religiosa que fica apavorado com a ideia de ofender alguém. Desistiu de dominar o pecado e, em vez disso, passou a ser exatamente como os pecadores. Decidiu que, se não pode vencê-los, pode unir-se a eles. É claro que precisou suavizar o evangelho apenas o suficiente para acolher ideias como o estilo de vida homossexual e o aborto, por exemplo. Não muitas mudanças; apenas pequenas alterações na Bíblia onde necessário. Com certeza! Essas pessoas tentam permanecer socialmente relevantes, não apenas acolhendo pecadores em suas congregações (o que todas as igrejas devem fazer), mas também os *ordenando* como líderes para que não incomodem ninguém!

> PRECISAMOS APRENDER A DISCORDAR
> DO PECADO E MESMO ASSIM
> AMAR E ACOLHER COM SINCERIDADE A PESSOA.

Essa estratégia é tão destrutiva quanto violar o respeito e a honra ao proclamar o evangelho às pessoas. Precisamos aprender a discordar do pecado e mesmo assim amar e acolher com sinceridade a pessoa. Jesus fez isso tão bem que os pecadores até mesmo o convidavam para suas festas (veja Lucas 7.34; 15.1,2). Entretanto, ele nunca comprometeu seus princípios nem adotou outro estilo de vida para ser aceito por eles. Seu amor por eles simplesmente transcendia o medo que poderiam sentir. Que grande lição para nós!

Denominacionalismo

Escrevi anteriormente sobre como o denominacionalismo afetou a forma em que os cristãos se relacionam, reunindo-os quando concordam e dividindo-os quando discordam. Provavelmente, porém, o maior impacto do denominacionalismo no Planeta não é o modo pelo qual os cristãos tratam uns aos outros, mas como se relacionam com o mundo.

Uma vez que o denominacionalismo vê a divergência como um inimigo, o objetivo de toda interação é convencer as pessoas de que "nós estamos certos". Por exemplo, se tiver uma amizade com uma pessoa homossexual, será com o exclusivo propósito de converter essa pessoa ao "cristianismo". A comunidade religiosa não me permitirá ter um relacionamento com alguém com quem não concordo, a menos que tenha um objetivo. Essa atitude leva ao que chamo de "síndrome do vendedor". Quando entramos em uma revenda de carros e o vendedor se aproxima, todos já sabem

"Sr. Gorbachev, derrube este muro!" • **89**

como funciona. "Boa-tarde, senhor. Está um ótimo dia, não é? Rapaz, que *jeans* bacana o seu. Acho que nunca vi um como esse antes", diz o vendedor. E a história continua. Todos sabem que o vendedor não está nem um pouco interessado em seu *jeans*, cabelo ou no fato de que você não sua muito para uma pessoa de seu tamanho. Ele está apenas tentando vender um carro.

Quando nos aproximamos de um não cristão com uma mentalidade denominacional, é porque temos um objetivo. O não cristão sabe que estamos ali apenas para vender Jesus para ele. Nada do que dizemos ou fazemos parece sincero. Mas o que aconteceria se apenas amássemos as pessoas honestamente, sem um plano? Como seria se tivéssemos um interesse autêntico pelo outro tão somente como pessoa?

QUANDO NOS APROXIMAMOS DE UM NÃO CRISTÃO
COM UMA MENTALIDADE DENOMINACIONAL,
É PORQUE TEMOS UM OBJETIVO.

O presidente Obama é o anticristo?

Um dia desses, recebi um longo *e-mail* "provando" que o presidente Obama é o anticristo! Respondi: "Pelo menos dessa vez o anticristo não é o papa". Um *e-mail* desses é a manifestação do espírito de denominacionalismo em sua pior forma. No denominacionalismo, com frequência demonizamos as pessoas das quais discordamos. Por algum motivo, pensamos que temos o direito de julgar o coração de alguém quando não concordamos com seus princípios. Pessoalmente, não concordo com muitas das políticas, perspectivas e valores morais do presidente Obama, mas mesmo assim honro-o como presidente dos Estados Unidos e como homem criado à imagem de Deus.

> NO DENOMINACIONALISMO, COM FREQUÊNCIA
> DEMONIZAMOS AS PESSOAS DAS QUAIS DISCORDAMOS.

Não sei como podemos expressar julgamentos sobre os motivos de uma pessoa, quando a mídia — uma fonte com um objetivo — nos alimenta com as únicas informações de que dispomos sobre a pessoa. É importante lembrar que a mídia é um negócio multimilionário, conduzido primeiramente pela indústria do entretenimento, em segundo lugar, por visões políticas e, por último, pelas "notícias". Há milhares de histórias potenciais que poderiam ser documentadas todos os dias. Mas as "histórias" são escolhidas com base no potencial para aumentar os pontos de audiência que, no fim, se traduzem em lucros nos comerciais. Formar opinião sobre o coração de uma pessoa por meio de programas de entrevistas, jornais ou revistas, é na melhor das hipóteses irresponsável e, na pior, perigoso.

Agente secreto

Precisamos tirar as algemas da mentalidade denominacional e amar verdadeiramente as pessoas, sem levar em conta suas convicções religiosas. Essa atitude libera o Senhor para comissionar um exército de pessoas que ama com coração sincero, que pode mostrar o poder de Deus e demonstrar a sabedoria superior de outra era sem manipulação e exploração. Pode, então, colocar esses guerreiros estrategicamente nas regiões mais escuras da sociedade.

Jesus fez esta descrição: "O Reino dos céus é como o fermento que uma mulher tomou e misturou com uma grande quantidade de farinha, e toda a massa ficou fermentada" (Mateus 13.33). Será que às vezes somos de fato chamados para ser ovelhas disfarçadas de lobos? Deus quer nos misturar na sociedade como fermento. Somos seus agentes secretos vestidos de médicos, donas de casa,

"*Sr. Gorbachev, derrube este muro!*" • **91**

mecânicos, programadores de computador, professores e empresários. Somos cristãos poderosos, com a aparência de pessoas comuns, estrategicamente designadas para servir à sociedade ao mesmo tempo que destruímos as obras do Diabo. Nossa própria vida é um sinal e maravilha. Não levamos apenas a mensagem, mas também somos a mensagem. Conhecer-nos é amar-nos. Somos o fruto do amor de Deus, a manifestação de sua pessoa. Falando em termos automotivos, "um grande carro, vende-se por si mesmo".

Deixe-me ser claro: Não estou falando de covardes que se dizem cristãos, mas têm medo de tomar uma posição por Cristo; nem estou descrevendo igrejas que são mais sensíveis à vontade dos *não cristãos* que participem do culto de domingo do que são sensíveis ao Espírito de Deus que se move entre elas. Há muitos fermentos falsificados que se fazem passar por valorosos do Reino. Jesus considerou isso da seguinte forma: "Estejam atentos e tenham cuidado com o fermento dos fariseus e com o fermento de Herodes" (Marcos 8.15). Na raiz do espírito religioso (o fermento dos fariseus) e do espírito político (o fermento de Herodes) está o medo do homem. O medo nunca nos levará à transformação cultural.

NÃO LEVAMOS APENAS A MENSAGEM,
MAS TAMBÉM SOMOS A MENSAGEM.

Queda da Babilônia

Um dos melhores exemplos de transformação cultural nascido dos princípios do Reino está no livro de Daniel. Daniel é um grande exemplo para nós, demonstrando como Deus influencia a sociedade por meio de seus agentes secretos. O rei da Babilônia, Nabucodonosor, destruiu Israel, arruinou o templo de Salomão e levou quatro adolescentes como prisioneiros para servi-lo. Mas o que

Nabucodonosor não percebeu foi que, quando prendeu Daniel, Sadraque, Mesaque e Abede-Nego, na verdade Deus é que havia capturado a Babilônia.

O plano estratégico de Deus para a transformação da Babilônia iniciou quando Daniel se recusou a se contaminar com o vinho e a comida do rei (v. Daniel 1.8) e insistiu em orar três vezes por dia ajoelhado em direção a Jerusalém (v. Daniel 6.10). Sadraque, Mesaque e Abede-Nego uniram-se à batalha quando encararam o espírito de medo, recusando-se firmemente a se curvar ao ídolo de Nabucodonosor, a despeito da morte certa. Essa atitude isolou-os do príncipe da potestade do ar que estava controlando a mente da maioria das pessoas da Babilônia. Também os protegeu do lixo da carnalidade.

Quando Deus viu que existiam pessoas que não se contaminariam com o sistema maligno a seu redor, ele as misturou na sociedade, como o fermento na massa, fazendo seus quatro super-heróis parecer magos e encantadores (v. Daniel 1.20). Eles adaptaram a vida para suprir as necessidades de um império maligno, sem comprometer o caráter. Eles foram tão assimilados na cultura babilônica que até receberam nomes de deuses babilônios. O nome de Daniel foi mudado para Beltessazar, que era o nome do deus de Nabucodonosor (v. Daniel 4.8). Sistemática e estrategicamente, esses rapazes começaram a transmitir a influência do Reino ao coração dos babilônios e dos persas. Durante setenta anos, esses rapazes desmantelaram e desalojaram os poderes das trevas, demonstrando o poder e a sabedoria de um reino superior. Finalmente, Ciro, o rei persa, liberou o povo de Deus para reconstruir Jerusalém e restaurar os israelitas a sua terra. Ele até mesmo financiou o projeto multimilionário do templo.

Direitos humanos

O rei Ciro, o Grande, foi o último em uma longa lista de governantes a quem Daniel serviu. Embora Daniel já fosse bastante velho quando trabalhou para Ciro, sua influência sobre o rei pode muito bem ter sido seu maior legado. Veja bem, Ciro, o Grande, não apenas recebeu o crédito de ter libertado e restaurado os israelitas, mas é também o pai do conceito dos direitos humanos! Há 2.500 anos, o rei Ciro escreveu um pergaminho com direitos humanos que se tornou um protótipo para as Nações Unidas[3]. Bilhões de pessoas, literalmente, devem sua liberdade e igualdade a um rei persa cujo governo foi profetizado por Isaías anos antes de esse rei nascer (v. Isaías 45.1-7). Esse homem extraordinário foi guardado por anjos e aconselhado por Daniel (v. Esdras 1.1; Daniel 10—12). Creio que nunca sabemos realmente quem está crescendo na nossa casa.

Desde a primeira cena da história, esses rapazes de caráter superior, poderes sobrenaturais e amor extraordinário expuseram, continuamente, os babilônios e o reino persa a outro reino. Esse é o tipo de fermento que Deus deseja que sejamos na terra — super-heróis disfarçados destruindo fortalezas malignas, influenciando reis e fazendo discípulos em todas as nações! A escrita está na parede. Deus contou os dias do reino do Diabo e pôs fim a ele. Deus o pesou na balança, e ele foi achado em falta. Ele entregou o mundo aos filhos da luz (v. Daniel 5.25-28).

CREIO QUE NUNCA SABEMOS REALMENTE QUEM ESTÁ CRESCENDO NA NOSSA CASA.

---

[3] **Cyrus Charter of the Human Rights Cylinder**: First Charter of Human Rights. Farsinet. Disponível em: <http://www.farsinet.com/cyrus/>.

Deus quer esconder seu fermento em todas as áreas da sociedade. Nem todos nós seremos enviados a palácios para influenciar os reis de hoje. Mas em qualquer esfera de influência que Deus nos puser, somos chamados para *guiar* exibindo as qualidades do Reino, as virtudes da integridade, honra, compaixão, serviço, poder, sabedoria e coragem.

A outra dinâmica que devemos considerar aqui é que qualquer terreno que tomarmos à força teremos de manter pela força. Entretanto, qualquer posição que conquistarmos pela honra será protegida pelo favor.

QUALQUER POSIÇÃO QUE CONQUISTARMOS PELA HONRA SERÁ PROTEGIDA PELO FAVOR.

Discipulando as nações

O Corpo de Cristo precisa muito aprender a influenciar a sociedade de tal forma que as pessoas sejam atraídas a nós. Nós temos as respostas para os problemas do mundo, mas estamos tapeando a missão que Deus nos deu. Nosso fracasso em discipular as nações manifesta-se grandemente na nossa incompreensão de como levar verdadeira transformação à vida das pessoas, especialmente àquelas que não estão famintas por essa transformação.

Jesus nos comissionou a *fazer* discípulos em *todas* as nações e, então, *ensiná-los* (v. Mateus 28.18-20). A palavra grega para discípulo, *matthetes*, significa aprendiz. Talvez alguns líderes fiquem surpresos em saber que somos responsáveis por *gerar aprendizes* e depois *ensiná-los*! Já ouvi muitos líderes dizerem coisas do tipo: "As pessoas simplesmente não estão famintas pela verdade". O que esses líderes não percebem é que somos responsáveis por motivar as pessoas a quererem aprender, receber e crescer de modo que possamos ensiná-las, equipá-las e treiná-las. A maioria de nós conhece uma pessoa que foi importante na nossa vida e que era tão apaixonada por determinado assunto que inspirou esse interesse em nós e nos fez desejar saber mais. É isso que somos chamados a fazer por *todas* as nações do mundo.

SOMOS RESPONSÁVEIS POR *GERAR APRENDIZES*
E DEPOIS *ENSINÁ-LOS!*

Como observei anteriormente, Jesus nos enviou como ovelhas no meio de lobos. O mundo está faminto pelo Corpo de Cristo. Ele quer alimentar-se de nós. Mas precisa fazer um teste, experimentar um pouquinho da coisa real para que fique faminto o suficiente para "comer sua carne e beber seu sangue" (v. João 6.54). Quando Jesus falou às pessoas que elas deviam comer sua carne e beber seu sangue, não estava falando de canibalismo. Estava se referindo a ingerir a Palavra Viva de Deus. Cristo é a Palavra que se fez carne. É importante encorajarmos as pessoas a ingerir Jesus e digerir sua vida até que Cristo seja literalmente formado nelas. Há um antigo ditado que é verdadeiro nesse caso: *Você é o que você come!*

Boa parte do mundo ingeriu a Bíblia de uma forma ou de outra, mas muitos nunca digeriram a Palavra de Deus viva e ativa. A religião temporariamente encheu a alma, mas nunca satisfez o anseio por uma vida real. O mundo teve sua cota de religião e já está farto dela.

TRANSFORMAÇÃO REQUER ASSIMILAÇÃO,
NÃO APENAS CONSUMO.

Transformação requer assimilação, não apenas consumo. Por enquanto, tenho intolerância à lactose. Quando consumo laticínios,

96 • Chuva Abundante

meu corpo não os assimila ao sistema. Muitas pessoas no mundo têm intolerância ao evangelho. Quando ouvem a pregação da Palavra, esta não tem efeito sobre elas ou, pior, causa uma reação negativa em algumas delas. Além dessas pessoas, há outras que já consumiram tanta religião que se tornaram insensíveis ao verdadeiro Jesus. Ouvir a respeito da Bíblia sem experimentar Deus conduz a uma forma religiosa sem poder nenhum (v. 2Timóteo 3.5). É como substituir a ceia do Senhor pelo comentário de um jantar ou por um livro de receitas.

É TEMPO DE SERMOS TÃO PRUDENTES COMO AS SERPENTES.

Devemos ao mundo um encontro com o próprio Deus. Quando as pessoas são apresentadas ao Criador, descobrem que ele as atrai, ou seja, que ele é simplesmente irresistível. Precisamos de um plano estratégico criado pelo Espírito Santo (uma "espiritégia") que leve o Reino de Deus a todos os âmbitos da sociedade. Temos enfatizado a parte "símplices como as pombas" por décadas. Sem abandonar essa parte, é tempo de sermos também tão prudentes como as serpentes (v. Mateus 10.16).

No limiar da História

Em maio de 2009, Deus me deu uma palavra profética muito forte. Contou-me que havia dado um grupo de igrejas a um homem (prefiro não mencionar seu nome, para não desonrá-lo) que se tornou catalisador de um movimento mundial. O movimento se tornou tão grande e poderoso que começou a redefinir sua sociedade de igrejas. A liderança do grupo precisou decidir se iriam proteger a identidade da igreja ou abraçar o movimento. Eles preferiram proteger a sociedade de igrejas e abandonaram o movimento.

A igreja primitiva

Em Atos 15 aconteceu a mesma coisa. A igreja-mãe em Jerusalém, que, na prática, era basicamente o judaísmo com Jesus e o Espírito Santo nos papéis centrais, estava crescendo e de repente passou por cima da segurança da tradição religiosa, englobando os gentios. A igreja se tornou um catalisador de um movimento porque, é claro, havia muito mais gentios do que judeus. E, para deixar as coisas ainda mais complicadas, os gentios que vinham sendo salvos estavam impregnados de mitologia grega e politeísmo. A maioria deles não sabia nada a respeito do Antigo Testamento — as histórias da criação, do Dilúvio e assim por diante — tampouco conheciam Abraão, Isaque, Jacó, Moisés, Ester e Davi. Portanto, quando esses gentios vieram para o Reino, começaram a redefinir dramaticamente a igreja.

Os apóstolos convocaram os líderes para se reunirem em Jerusalém e decidirem o que fazer. As multidões ouviam enquanto os mais influentes líderes da igreja contendiam sobre o dilema. A discussão começou com Paulo e Barnabé compartilhando as histórias incríveis da intervenção sobrenatural de Deus na vida dos gentios. Pedro prosseguiu com o testemunho miraculoso de Deus enchendo os gentios com o Espírito Santo. Deus os redimira da mesma forma que salvara os judeus, apesar de eles não estarem cumprindo todas as tradições, regras e leis religiosas.

Os apóstolos tinham de decidir se permitiriam que o movimento redefinisse a igreja como a conheciam ou se iriam acabar com o movimento para proteger a identidade judaica do Corpo. Eles ouviram o Espírito Santo e decidiram abraçar o movimento (v. Atos 15.28). Tiago fez esta afirmação histórica sobre a igreja gentia: "Portanto, julgo que não devemos pôr dificuldades aos gentios que estão se convertendo a Deus. Ao contrário, devemos escrever a eles, dizendo-lhes que se abstenham de comida

98 • Chuva Abundante

contaminada pelos ídolos, da imoralidade sexual, da carne de animais estrangulados e do sangue" (Atos 15.19,20). Uma carta foi enviada liberando os gentios da observância da Lei mosaica e da tradição judaica, e o resto é história! Daquele momento em diante, o evangelho continuou a se espalhar poderosamente entre os gentios, até que em 100 d.C. havia poucos judeus cristãos.

Estamos no mesmo limiar da História

O Senhor me disse que estamos no mesmo limiar da História mais uma vez. Haverá uma colheita em massa que virá de um grupo de pessoas relativamente não alcançado. Elas não saberão nada a respeito das tradições da religião nem dos fundamentos da história da Igreja. A própria Bíblia será estranha para elas, todavia o Espírito Santo cairá sobre elas em massa. Seremos confrontados com a mesma decisão que nossos pais enfrentaram: acabaremos com o movimento para salvar a identidade e reputação da Igreja, ou abraçaremos o movimento correndo o risco de sermos mal interpretados pela comunidade religiosa?

Ao cruzarmos esse limiar histórico, é importante lembrar que dois mil anos atrás nosso Senhor abriu o caminho para esse paradoxo divino. Suas companhias parecem tê-lo redefinido para a comunidade religiosa. Eles o rotularam de "beberrão" e "amigo de pecadores". A religião sempre encontra um caminho para isolarnos das pessoas que mais precisam de Deus. Mas devemos enfrentar as ameaças à reputação e estender as mãos para os esgotos das trevas, sujando-as com a alma dos homens.

Devemos enfrentar as ameaças à reputação
e estender as mãos para os esgotos das trevas,
sujando-as com a alma dos homens.

CAPÍTULO 4

Coragem desmedida

*A diferença entre aqueles que fazem
alguma coisa e aqueles que não fazem nada é que aqueles
que fazem algo... fazem algo!*

BANNING LIEBSCHER

O ponto da virada

É importante percebermos que, além do manto apostólico e das missões estratégicas, também será necessário coragem desmedida para romper a sólida prisão da religião sem poder e do pensamento desatento da multidão para chegar ao lugar prevalecente da influência global.

Viver na multidão afeta diretamente nossa capacidade de agir com coragem e responsabilidade. Em seu *best-seller, The Tipping Point* [O ponto da virada], Malcom Gladwell relata a já clássica história do pensamento descuidado da multidão revelado na notícia de uma jovem chamada Kitty Genovese que foi brutalmente estuprada e assassinada em 1964 em Queens, Nova York. A parte mais chocante da história foi que, de acordo com a notícia do *New York Times*, 38 vizinhos de Genovese testemunharam sua luta desesperada pela vida. Embora o incidente tenha durado mais de meia hora, nenhum deles interveio nem *ao menos chamou a polícia.*

100 · Chuva Abundante

Esse relato provocou várias investigações do que os cientistas denominam de "problema do espectador". Os estudos revelaram que, se uma pessoa testemunha um crime, é provável que se envolva. Mas, à medida que o número de testemunhas aumenta, as chances de intervenção decrescem drasticamente. O motivo aparente é que "quando as pessoas estão em um grupo [...] a responsabilidade de ação fica difusa".[1] Todos pensam que alguém já fez alguma coisa e, consequentemente, ninguém faz nada!

O ex-presidente Ronald Reagan proferiu uma frase que ficou famosa: "Não fazer nada, esperando que algum dia, de alguma forma, alguém faça a coisa certa é seguir alimentando o crocodilo na esperança de que ele o devore por último, mas ele o vai devorar". Quando decidimos não telefonar para a polícia, é melhor que nos lembremos que poderemos ser a próxima vítima!

Assim como as ovelhas, nós nos desviamos

A Bíblia trata dessa dinâmica social quando diz: "Todos nós, como ovelhas, nos desviamos" (Isaías 53.6; 1Pedro 2.25). Não diz como lobos; diz como ovelhas. Como as ovelhas se desviam? Elas passam o tempo todo olhando para o traseiro das que estão a sua frente, esperando que haja um pastor em algum lugar na frente do rebanho.

Todos nós, às vezes, sofremos desse engano elementar da multidão. Estamos tão acostumados ao cenário que desenvolvemos uma estranha segurança em seguir atrás. O próprio movimento é hipnotizante. É uma oportunidade de carreira para alguns; para outros é um passatempo como observar os pássaros. Sempre podemos reconhecer os seguidores, porque dizem coisas

---

[1] GLADWELL, Malcom. **The Tipping Point**. New York: Back Bay Books, 2002. p. 28. [**O ponto da virada**. Rio de Janeiro: Sextante, 2009.]

do tipo: "Por Deus, devemos estar seguindo no caminho certo. Veja todos esses traseiros a nossa frente. Quero dizer, todos esses traseiros a nossa frente não podem estar errados, podem?". Sei que a profetisa Chiquita disse: "A banana que sai da penca é a banana que vai ser comida". Mas será que podemos aprender a pensar um pouquinho, por favor?

> SERÁ QUE PODEMOS APRENDER
> A PENSAR UM POUQUINHO, POR FAVOR?

Negócio para macacos

Quando as pessoas param de pensar por si mesmas interrompem o fluxo de invenção, inovação e progresso, o que cria uma cultura envelhecida em que as tradições e os rituais perdem o significado, principalmente porque ninguém consegue lembrar por que age assim.

Isso me faz lembrar uma experiência com cinco macacos que ouvi alguns anos atrás. A experiência começa com cinco macacos em uma jaula. Dentro da jaula há uma banana pendurada em uma corda e uma escada embaixo. Em pouco tempo, um macaco se aproxima da escada e começa a subir em direção à banana. Assim que ele se encosta na escada, todos os outros macacos recebem um jato de água fria. Um pouco depois, outro macaco faz outra tentativa, com o mesmo resultado — os outros macacos recebem um jato de água fria. Em seguida, quando outro macaco tenta pegar a banana, os outros tentam impedi-lo.

Por fim, a água fria é removida junto com um dos macacos, que é substituído por um novo. O novato vê a banana e começa a subir a escada. Mas, para seu horror, os outros macacos começam a atacá-lo. Depois de mais uma tentativa, ele já sabe que se tocar a escada será surrado.

Em seguida, outro dos macacos veteranos é retirado e substituído por um novo. O recém-chegado vai até a escada, e é atacado. O macaco que havia chegado antes se junta ao ataque com entusiasmo! Então, um terceiro macaco é substituído por um novo, depois um quarto e, finalmente, o quinto macaco. Cada vez que um recém-chegado se dirige à escada, é atacado.

A essa altura, a maioria dos macacos batendo no novato ignorava o motivo por que não tinha permissão para subir na escada e por que estava participando da surra. Depois da substituição de todos os primeiros macacos, nenhum dos macacos restantes tinha recebido um jato de água fria. Mesmo assim, nenhum macaco se aproximou mais da escada. "Por que não?", podemos perguntar. Porque, até onde sabiam, "As coisas sempre foram assim por aqui!".

Chegou a hora de questionar a realidade. É importante nos perguntarmos por que fazemos as coisas como fazemos. Será possível que situações que nos levaram a guardar certas tradições importantes tenham mudado? Será que uma revelação mais profunda ou uma nova tecnologia não fizeram com que os costumes de que nos orgulhamos tanto e que tanto nos consolam se tornassem irrelevantes? É tempo de passar do estereótipo para o protótipo.

CHEGOU A HORA DE QUESTIONAR A REALIDADE.
É TEMPO DE PASSAR DO
ESTEREÓTIPO PARA O PROTÓTIPO.

Decisão

Decidi pensar por mim mesmo. Não sou rebelde nem independente, nem quero reinventar a roda, por assim dizer. Mas não deixarei Rush Limbaugh, Sean Hannity, Larry King, Bill O'Riley[2] ou qualquer outro pensar por mim. Isso não quer dizer que eu não aprecie a opinião das outras pessoas. Realmente, aprendo muito com os outros. Apenas não sou fantoche de ninguém. Recebi ordem para levantar e *brilhar,* não levantar e *refletir* (v. Isaías 60.1). Fui chamado para ser uma voz, não um eco. Recuso-me a ser reduzido a uma filiação política, a uma denominação, a uma geração, a uma localização geográfica, a minha orientação sexual ou a minha ordenação. Não me contentarei em me tornar uma imitação barata de alguém em vez de ser eu mesmo um original. Não ficarei resumido a uma aula de História, nem permitirei que o medo que outros sentem restrinja minhas próprias proezas. Não me curvarei ao ídolo de alguém, nem me acomodarei a velhas ideologias religiosas que me tornarão irrelevante para o Reino.

> RECEBI ORDEM PARA LEVANTAR
> E *BRILHAR,* NÃO LEVANTAR E *REFLETIR.*

Por outro lado, não desejo ser um dissidente ou herege que substitui o sólido fundamento da verdade testada pelo tempo pelo tubo de ensaio do isolamento. Portanto, permitirei que o Espírito Santo me conduza, guie e corrija. Submeter-me-ei à verdadeira liderança e permanecerei maleável, humilde e disposto a aprender. Amarei apaixonadamente, viverei zelosamente, trabalharei de todo o coração, sorrirei cheio de contentamento

---

[2] Comentaristas e apresentadores de programas de rádio e televisão nos Estados Unidos. [N. do T.]

104 • Chuva Abundante

e estarei completamente gasto no final da minha vida. Caminharei em poder, orarei sem cessar, contribuirei generosamente e servirei a Deus com todo o meu ser.

Conselho de um especialista

É preciso coragem para romper com clones religiosos e pensar por si mesmo. Entretanto, precisamos compreender que criatividade, imaginação e aprendizado real nunca são cultivados na multidão. Também precisamos reconhecer que, nesta vida, não existem platôs nem "linhas de chegada" permanentes. Ou estamos crescendo, expandindo e nos desenvolvendo, ou estamos em declínio, estagnados e petrificados. Não importa quanto tenhamos visto, vivido e aprendido, há sempre algo mais, sempre uma nova fronteira que exige coragem para ser explorada. Se pararmos de viver em contínuo crescimento e expansão, arriscamos interromper nosso potencial em Deus.

O QUE VOCÊ SABE PODE AFASTAR VOCÊ DO QUE PRECISA SABER.

Bill Johnson diz: "O que você sabe pode afastar você do que precisa saber". Ele está certo, porque tão logo nos consideramos especialistas, paramos de aprender e crescer. Os fariseus são um ótimo exemplo de pessoas que memorizaram a Palavra de Deus e não reconheceram o autor do Livro quando este estava bem na frente deles explicando-lhes o Livro. A história está repleta de especialistas cuja imaginação estava aprisionada pela formação, experiência ou pelo medo de rejeição. Reflita sobre alguns exemplos a seguir:?"O homem nunca vai chegar à Lua, não importa quanto a ciência avance" (dr. Lee DeForest, pai do rádio e avô da televisão).

Coragem desmedida • **105**

- "A bomba nunca explodirá. Falo como especialista em explosivos" (almirante William Leahy, Projeto da Bomba Atômica dos EUA).

- "É improvável que o homem consiga liberar o poder do átomo" (Robert Milikan, prêmio Nobel em Física, 1923)

- "No futuro os computadores poderão pesar não mais do que 1,5 tonelada" (*Popular Mechanics* [Mecânica popular], 1949).

- "Acredito que haja um mercado mundial para talvez cinco computadores" (Thomas Watson, presidente da IBM, 1943).

- "Viajei pelo país inteiro e conversei com as pessoas mais esclarecidas e posso assegurar que o processamento de dados é uma moda que não vai durar até o fim do ano" (editor encarregado dos livros de negócios para a Prentice Hall, 1957).

- "Mas para que serve isso?" (engenheiro da Divisão de Sistemas Avançados de Computação da IBM comentando sobre o *microchip*, 1968).

- "640K deverá ser suficiente para qualquer um" (Bill Gates, 1981).

- "Esse tal de 'telefone' tem deficiências demais para ser considerado seriamente um meio de comunicação. O aparelho não tem valor algum para nós" (memorando interno da Western Union, 1876).

- "A caixa de música sem fio não tem valor comercial imaginável. Quem pagaria por uma mensagem enviada a ninguém em particular?" (David Sarnoff Associates em resposta a solicitações para investimento no rádio, década de 1920).

106 • Chuva Abundante

- "O conceito é interessante e bem formulado, mas, para ganhar mais do que 'C', a ideia deve ser viável" (professor de administração da Universidade de Yale em resposta à tese de Fred Smith propondo um serviço confiável de entregas. Smith foi em frente e fundou a Federal Express Corporation).

- "Simplesmente estou feliz porque será Clark Gable quem vai se dar mal, não Gary Cooper" (Gary Cooper comentando sua decisão de não aceitar o papel principal em *E o vento levou*).

- "Uma loja de biscoitos é uma má ideia. Além disso, a pesquisa de mercado relata que os americanos gostam de biscoitos crocantes, não macios como os que você faz" (resposta à ideia de Debbi Fields de abrir a loja Mrs. Fields Cookies).

- "Não gostamos do som deles, e som de guitarra está em baixa" (Decca Recording Company rejeitando os *Beatles*, 1962).

- "Máquinas voadoras mais pesadas do que o ar são impossíveis" (lorde Kelvin, presidente da Royal Society, 1895).

- "Perfurar em busca de petróleo? Quer dizer perfurar o solo para tentar encontrar petróleo? Você está louco!" (funcionários que Edwin L. Drake tentou contratar para seu projeto de prospecção de petróleo, 1859).

- "Aviões são brinquedos interessantes, mas sem nenhum valor militar" (marechal Ferdinand Foch, professor de estratégia, École Supérieure de Guerre, França).

- "Tudo que poderia ser inventado já foi inventado" (Charles H. Duell, diretor do Departamento de Patentes dos Estados Unidos, 1899).

Coragem desmedida • **107**

- "O supercomputador é tecnologicamente impossível. Seria necessária toda água das cataratas do Niágara para resfriar o calor gerado pelo número de válvulas eletrônicas exigidas" (professor de engenharia elétrica, Universidade de Nova York).

- "Não sei que utilidade teria uma máquina que faz cópias de documentos. Certamente, não poderia ser um negócio viável por si só" (diretor da IBM, ao recusar-se a financiar a ideia e forçando o inventor a fundar a Xerox).

- "A teoria dos germes de Louis Pasteur é uma ficção ridícula" (Pierre Packet, professor de fisiologia em Toulouse, França, 1872).

- "O abdome, o tórax e o cérebro serão sempre inacessíveis à intrusão do sábio e humano cirurgião" (*sir* John Eric Ericksen, cirurgião britânico, nomeado cirurgião-extraordinário da rainha Vitória, 1873).

- "Não sei por que alguém iria querer um computador em casa" (Ken Olson, presidente e fundador da Digital Equipment Corp., 1977).[3]

Onde estaríamos hoje se as pessoas sempre deixassem os "especialistas" ditarem os limites da imaginação? Como seria a sociedade se esses fazedores de história tivessem seguido a multidão ou permitido que suas ideias fossem julgadas no tribunal da opinião popular? É preciso ser um pensador para perceber que alguns ovos foram feitos para voar!

---

[3] **Things That Will Never Happen**. Disponível em: <http://www.rense.com/general81/dw.htm>.

Uma milha em menos de quatro minutos

No dia 6 de maio de 1954, Roger Banister bateu a marca de uma milha em menos de quatro minutos. Até que ele o fizesse, correr uma milha (1.609 metros) em menos de quatro minutos era considerado não apenas inalcançável, mas, de acordo com os fisiologistas da época, "perigoso para a saúde de qualquer atleta que tentar alcançar a marca". Os cientistas disseram aos corredores que era fisicamente impossível correr uma milha em menos de quatro minutos. Por isso, por milhares de anos nenhum atleta correu uma milha em menos de quatro minutos. Quando Bannister cruzou a linha de chegada em três minutos e 59,4 segundos, ele rompeu o véu do impossível. Seis semanas depois, no dia 21 de junho de 1954, John Landy quebrou o recorde de Bannister. Em 1957, outros 16 corredores tinham corrido uma milha em menos de quatro minutos.

COM FREQUÊNCIA, A DIFERENÇA ENTRE A REALIDADE E
E O QUE PODERIA SER NÃO É MEDIDA PELA
EXTENSÃO DO TRAJETO, MAS, MAIS PRECISAMENTE,
PELA RESISTÊNCIA DA MENTE.

Então, o que aconteceu com a barreira *física* que impedia seres humanos de correrem uma milha em menos de quatro minutos? Houve um salto repentino na evolução humana? Não. Foi a *mudança de pensamento* que fez a diferença. Bannister provou que era possível quebrar a barreira de correr uma milha em menos de quatro minutos.

Com frequência, a diferença entre a realidade e o que poderia ser não é medida pela extensão do trajeto, mas, mais precisamente, pela resistência da mente. As barreiras que consideramos impossíveis de transpor são muitas vezes obstáculos na mente. Os corredores anteriores haviam sido retidos por aquilo que acreditavam ser verdade. Quando a maldição foi finalmente quebrada, outros 16 corredores viram que era possível e fizeram o mesmo. Desde então, centenas de atletas quebraram a barreira de uma milha em menos de quatro minutos. Um homem enfrentou o medo e derrotou-o nas ruas da mediocridade. Mais de cinco décadas depois, as pessoas ainda sentem os efeitos de sua coragem.

UM HOMEM ENFRENTOU O MEDO
E DERROTOU-O NAS RUAS DA MEDIOCRIDADE.

Uma cidade

Surpreende-me que a atitude de uma pessoa possa gerar uma onda tão poderosa no mar da humanidade. Bill Johnson teve uma experiência, vários anos atrás, que me provou que Roger Bannister era mais do que um grande atleta; ele era um símbolo profético do modo pelo qual Deus queria transformar cidades. Bill foi a um encontro de oração de um dia em Vacaville, Califórnia, cidade que fica a cerca de duas horas de Redding. O evento já havia começado quando Bill chegou, e ele se juntou aos outros intercessores enquanto clamavam ao céu pela transformação da terra. Depois de algum tempo, um profeta muito conhecido aproximou-se de Bill com uma palavra profética. Ele disse:

— Bill, creio que Deus está procurando uma cidade para ser completamente dele. Deus quer romper as linhas inimigas e afetar todas as áreas da sociedade. Quando essa cidade cair sob o poder de Deus, gerará um efeito dominó em todo o mundo que resultará em uma cidade depois da outra sendo alcançada para o Reino.

110 · Chuva Abundante

— Creio que essa cidade é Redding, Califórnia! — Bill respondeu.

Poucos minutos depois, outra profetisa respeitada dirigiu-se a Bill e sussurrou em seu ouvido:

— Bill, acho que Deus está procurando uma cidade para ser completamente dele. Se Deus encontrar uma cidade que acolha sua presença em todos os âmbitos da sociedade, causará um efeito dominó e centenas de cidades do mundo virão para o Reino.

— Creio que — Bill começou a dizer, mas, antes que pudesse terminar, ela o interrompeu.

— Creio que essa cidade é Redding!

Redding, ou sua cidade, poderia ser o ponto de virada de proezas históricas?

Redding, ou sua cidade, poderia ser o ponto de virada de proezas históricas? Será possível que uma cidade possa quebrar as barreiras dos pessimistas e duvidosos assim como Roger Bannister quebrou a barreira da milha em menos de quatro minutos? Será que a história registrará um grande avivamento global que reduzirá dramaticamente os índices de criminalidade (a ponto de as crianças poderem novamente brincar na rua à noite), decrescerá o número de divórcios, fará que o câncer seja algo do passado (como a varíola) e estimulará de tal forma a economia por meio da generosidade que literalmente não haverá pobres entre nós? A transformação poderia ser tão profunda e ampla que a alegria enchesse cada casa; as pessoas parassem de abusar das crianças; negócios imorais como drogas e pornografia secassem; e o aborto fosse considerado um ato bárbaro e desumano como o canibalismo?

Coragem desmedida • **111**

E se os sinais e maravilhas se tornassem tão frequentes que a glória de Deus literalmente pairasse sobre as cidades como uma névoa e os "pecadores" passassem a ser um grupo minoritário? Cremos que Redding está destinada a cumprir todos esses sonhos e estamos orando, trabalhando e vivendo para esse fim. "Podem dizer que sou um sonhador, mas não sou o único.[4] Talvez, algum dia, você se junte a nós, e o mundo *será conquistado* (meu jogo de palavras)!"

A democracia governa?

A cultura democrática perpetua a ilusão de que não são os Roger Bannister do mundo que quebram tabus, mas que a multidão é que quase sempre está certa. As massas governam, e a vontade da maioria determina a História. Mas, como Malcom Gladweel observou com profundidade com a ilustração verídica de um crime testemunhado por muitas pessoas sem que ninguém prestasse socorro, as multidões raramente agem. Ajuntamentos são como pântanos: águas paradas, turvas e malcheirosas.

AJUNTAMENTOS SÃO COMO PÂNTANOS:
ÁGUAS PARADAS, TURVAS E MALCHEIROSAS.

Cristãos que crescem em países democráticos vivem, muitas vezes, na ilusão de que o Reino é uma democracia. Esquecemo-nos de que Deus se refere e ele mesmo como Rei, não Presidente. Por exemplo, pensamos que, se pudermos reunir 1 milhão de pessoas para orar em Washington, então, certamente, Deus terá de agir em favor dos Estados Unidos. Pessoalmente, amo ver os cristãos

---

[4] LENNON, John. Imagine, **Imagine**. Apple Records, 1971.

reunidos para alguma coisa e apoio grandes concentrações, mas o Reino de Deus não é uma democracia; é uma teocracia.

Quando Judá estava com problemas, Deus ordenou ao profeta Jeremias: "Percorram as ruas de Jerusalém, olhem e observem. Procurem em suas praças para ver se podem encontrar *alguém* que aja com honestidade e que busque a verdade. Então eu perdoarei a cidade" (Jeremias 5.1, grifo nosso). Não é a maioria que governa no mundo natural, como vimos no capítulo anterior com o exemplo da comunidade *gay*, e, no reino invisível, Deus também não é movido pelas multidões. O Senhor não olha do alto do céu e conta quem está a favor de determinada questão para que possa agir. Acredite ao não, ele não é um pesquisador cósmico de opinião! Você consegue imaginar Jesus dizendo a Gabriel: "Bem, Gabriel, parece que finalmente conseguimos que a maioria dos cristãos concorde conosco nessa questão de casamento. Agora, você pode intervir nessa questão"? Isso é ridículo, mas é a mentalidade predominante na Igreja.

Deus continua a dizer como sempre disse: "Encontre um homem, uma mulher, um filho ou uma filha. Apenas encontre alguém que esteja farto e com o coração ardendo". Deus disse aos israelitas: "Pois os olhos do Senhor estão atentos sobre toda a terra para fortalecer aqueles que lhe dedicam totalmente o coração" (2Crônicas 16.9). Deus não está procurando uma multidão — está procurando uma pessoa! Ele não se impressiona com as massas nem é magnetizado pelas multidões. Muito menos é detido pelos que não têm poder. Ele só precisa de alguém que saia da multidão e tome uma atitude. Ele simplesmente está esperando mais uma vez que surja do campo uma pessoa como Davi, e os gigantes da vida saberão que *mexeram com o cara errado. Eles insultaram o exército do Deus vivo.*

Coragem desmedida · **113**

Movimentos

Apesar da opinião popular, os movimentos nunca definem as pessoas. Homens e mulheres definem movimentos! Em 1955, uma mulher negra de 42 anos do sul dos Estados Unidos, exausta depois de um dia de trabalho duro, recusou-se a sentar no fundo do ônibus. O motorista a advertiu de que o desacato seria motivo para que ele chamasse a polícia e ela fosse presa. Mas ela estava farta da intolerância branca. Sabia que, enquanto se submetesse a isso, estaria permitindo que a injustiça continuasse. Bravamente, Rosa Parks, como se chamava, fez a coisa certa e enfrentou as consequências. Rosa saiu da multidão e tomou uma atitude. Ela não fazia parte de um movimento. Não havia movimento. Pelo contrário, a sra. Parks apoiou-se na pedra da História, deu um empurrão, e a História não apenas se moveu, mas ainda está se movendo até hoje! Mais tarde, Rosa escreveu: "Sem uma visão as pessoas perecem, mas sem coragem os sonhos morrem".

Quando um jovem pregador chamado dr. Martin Luther King se envolveu no movimento pelos direitos civis, queria fazer uma revolução pacífica. As pessoas disseram que ele estava louco. Disseram que não havia mudança social sem atos de violência. O dr. King se recusou a lhes dar ouvidos. Algum tempo depois, alguns radicais da supremacia branca jogaram uma bomba em sua casa. Ele estava em casa com a esposa e a filhinha quando o explosivo detonou. A explosão varreu a casa, destruindo toda a fachada, e por pouco não atingiu sua família. Em poucos minutos, militantes negros furiosos chegaram e tentaram convencer o dr. King a responder com violência. Mas ele permaneceu no entulho do que havia sido a entrada da casa e declarou perdão aos criminosos. O resto é história: um homem, um sonho e o seu Deus. Precisamos ser como Winston Churchill, que disse: "A História será gentil comigo, pois pretendo escrevê-la!".

Conte sua força

Um dos principais motivos por que as pessoas não agem deve-se a um sentimento avassalador de incapacidade. É tão fácil listar nossas fraquezas e nos desqualificarmos para as proezas históricas que Deus designou para cada um de nós. Esquecemos que Jesus pegou alguns peixes e um pouco de pão do lanche de alguém e alimentou uma multidão (v. Mateus 14.15-20). A multidão não comeu arroz e feijão porque alguém levou pães e peixes. Jesus multiplicou o que essa pessoa tinha, não o que não tinha. Deus não se importa com o que não temos. Ele só se importa com o que temos!

É TÃO FÁCIL LISTAR NOSSAS FRAQUEZAS
E NOS DESQUALIFICARMOS PARA AS PROEZAS
HISTÓRICAS QUE DEUS DESIGNOU PARA CADA UM DE NÓS.

Muitas pessoas tentam dizer a Deus por que não podem cumprir sua missão divina. Dizem coisas do tipo: "Sou velho demais, jovem demais, tolo demais, sem formação suficiente, estranho demais ou fraco demais. Nasci na família errada. Era prostituta, ladrão, assassino ou adúltero. Sou divorciado. Já fiz um ou muitos abortos". E a lista continua. Tenham coragem — vocês estão em boa companhia. A vida está repleta de pessoas que fizeram história e eram exatamente como nós!

Se acha que é tolo demais, lembre-se de Sansão (v. Juízes 13—16). Aquele cara era tolo! Quero dizer — quando sua namorada o amarra três vezes e diz que seu inimigo está atrás de você, e você mesmo assim revela um segredo, isso é crise de QI. Todavia, no final, a maior vitória de Sansão foi depois de sua maior derrota.

Talvez você pense que é muito jovem para fazer diferença. Aos 8 anos, Josias era jovem demais para atravessar a rua sozinho, quanto mais ser rei. E, quanto a maldições familiares, o avô de Josias era Manassés, o pior rei da história de Israel; seu pai era Amom e seguiu os caminhos de Manassés. Uau! Apesar disso, Josias conduziu Judá a um de seus maiores avivamentos e trouxe toda a nação de volta para Deus (v. 2Reis 22—23).

Talvez você simplesmente seja estranho. Junte-se a João Batista. O homem era esquisito. As vestes dele nunca estiveram na moda, e ele ainda comia gafanhotos. Nem nos restaurantes mais finos você poderia fazer um pedido desse. Entretanto, Jesus disse que nunca nascera alguém maior do que João.

Ah, entendi: você tem um trauma sexual. Conte seus problemas a RAABE, a prostituta que ajudou Josué a conquistar a terra prometida e acabou sendo tataravó de Jesus Cristo (v. Josué 2; 6; Mateus 1.5).

Ou você é um ex-presidiário. O que acha do "homem segundo o coração de Deus" que cometeu adultério e depois matou o marido da mulher (v. 2Samuel 11)?

Oh, você tem problemas com a bebida. Noé, que obedeceu a Deus corajosamente e com Deus salvou toda a raça humana, ficou tão bêbado que tirou toda a roupa (v. Gênesis 9.20,21). É apenas uma questão sem importância... *não!*

DEUS É FAMOSO POR REALIZAR
COISAS EXTRAORDINÁRIAS COM PESSOAS COMUNS.

Talvez você pense que é feio demais para fazer diferença. Você já viu um retrato de Abraham Lincoln? Aquele cara era feio. Era tão feio que uma menina de 10 anos o encontrou em uma campanha e disse: "Senhor Lincoln, você é tão feio que devia deixar a barba crescer para esconder o rosto". Ele fez isso! Assim mesmo, aquele homem feio se tornou um dos maiores presidentes dos Estados Unidos e salvou a nação da tirania da escravidão.

Talvez você tenha algum desafio emocional. Winston Churchill (que a propósito se parecia com Mister Peabody[5]) tinha o que ele chamava de sua "ovelha negra". A "ovelha" era a luta contra a depressão que o deixava de cama por até trinta dias. Muitos historiadores acreditam que Winston era mentalmente doente. Se for assim, Churchill foi mais mentalmente doente que a maioria das pessoas em estado de espírito saudável.

Então, você nunca terminou o ensino médio. A reivindicação de Pedro era que suas mensagens eram tão profundas que só poderiam vir de Deus porque ele não era instruído (v. Atos 4.13), e as histórias continuam. Qual é a sua desculpa para não cumprir o seu chamado? Supere isso! Deus é famoso por realizar coisas extraordinárias com pessoas comuns.

> HÁ MUITAS PESSOAS QUE SE DENOMINAM
> LÍDERES, MAS NA VERDADE SÃO
> APENAS MARIONETES DAS MASSAS.

Coração valente

Há muitas pessoas que se denominam líderes, mas são apenas marionetes das massas. Suas linhas são puxadas pela opinião popular, pois procuram o caminho de menor resistência. O objetivo delas é agradar ao maior número possível de pessoas. Mas o que se

---

[5] Mr. Peabody é um cachorro de óculos que fuma cachimbo; é muito inteligente e comporta-se como um cavalheiro inglês. [N. do T.]

recusam a entender é que, quando tememos as pessoas, não as estamos liderando; elas estão nos liderando. É importante perceber que as organizações que somos chamados a liderar podem se tornar ídolos, algo a que nos curvamos em vez de servir e liderar. Jack Taylor expressou a ideia da seguinte forma: "Um ídolo é qualquer coisa que precisamos consultar antes de dizer sim a Deus". É tão fácil nos curvarmos ao vento da vontade das pessoas em vez de seguirmos a nuvem da direção de Deus.

> Um ídolo é qualquer coisa que precisamos consultar antes de dizer sim a Deus.

No filme *Coração valente,* William Wallace tenta convencer Robert Bruce a unir-se a seu esfarrapado exército de soldados temporários para libertar a Escócia da tirania dos ingleses. Robert Bruce argumenta com William e tenta persuadi-lo a se acalmar. Finalmente, enfurecido, Wallace deixa o castelo com Robert Bruce em seu encalço, ainda tentando convencê-lo a fazer um acordo com seus inimigos e declarar paz com a Inglaterra.

William Wallace para abruptamente nos degraus do castelo e se volta para Robert. A câmera se aproxima dos dois homens parados ali, encarando-se, olhos fitos uns nos outros, pelo que parece uma eternidade. Então, em seu melhor sotaque escocês, William profere as palavras mais poderosas de todo o filme: "Homens não seguem títulos; seguem coragem! Se você os liderar, eles o seguirão. É verdade, e você sabe disso. Posso ver nos seus olhos!".

> Homens não seguem títulos; seguem coragem!

118 • CHUVA ABUNDANTE

Sei que é só uma frase em um filme, mas mesmo assim é verdade. Neste momento, quando o espírito político parece reinar absoluto e o sumo sacerdócio da mídia crucifica qualquer um que discorde da multidão, Deus ainda está procurando por um homem, uma mulher, alguém que tenha coragem para permanecer com ele. Ele precisa somente de uma pessoa que irá verdadeiramente liderar, decidir e clamar por justiça, alguém que seja uma voz do Reino, não apenas o eco de ideologias religiosas do passado ou um clone político, tampouco um camaleão que muda de convicções conforme a companhia.

> A CORAGEM INSPIRA AS PESSOAS. É A PONTE
> ENTRE O QUE É E O QUE DEVERIA SER.

John Maxwell diz: "Quando falta confiança nos líderes, falta compromisso nos que o seguem". A coragem inspira as pessoas. É a ponte entre o que é e o que deveria ser.

> ATÉ TERMOS ALGO POR QUE MORRER,
> NUNCA VIVEMOS REALMENTE.

Morrer para viver

Até termos algo por que morrer, nunca vivemos realmente. Jesus expressou melhor ainda: "Pois quem quiser salvar a sua vida, a perderá, mas quem perder a sua vida por minha causa, a encontrará" (Mateus 16.25). A vida de todos nós está em fase terminal! Todos nós vamos morrer; só não sabemos quando. A verdadeira questão é: viveremos realmente? Não estou falando sobre ocupar espaço e respirar; quero dizer viver realmente, fazer diferença, passar por cima do medo e tomar o controle do nosso destino.

Até lidarmos com a morte, não viveremos realmente. O escritor de Hebreus considerou isso da seguinte forma: "Portanto, visto que os filhos são pessoas de carne e sangue, ele também participou dessa condição humana, para que, por sua morte, derrotasse aquele que tem o poder da morte, isto é, o Diabo, e libertasse aqueles que durante toda a vida estiveram escravizados pelo medo da morte" (Hebreus 2.14,15).

Somente quando lidamos com o inevitável, podemos de fato alcançar o impossível. Quando uma pessoa perde o medo da morte, passa a uma nova esfera de impacto.

> SOMENTE QUANDO LIDAMOS COM O INEVITÁVEL,
> PODEMOS DE FATO ALCANÇAR O IMPOSSÍVEL.

Um antigo provérbio romano diz: "Um covarde morre mil mortes, mas um homem corajoso morre apenas uma vez!". O medo rouba-nos a vida todos os dias. A vida que fomos chamados a viver está além do medo. Lembre-se de que Deus não fez um Jardim livre de perigos. Ele está mais interessado em tentar nos livrar de uma vida insignificante do que em nos manter seguros. A coragem é um incentivador da liderança excelente e da vida plena de propósito.

Amor corajoso

Em setembro de 2005, uma moça e um rapaz vieram para nossa escola de ministério. Kerstin era da Suíça, e Tyson era americano. Eles se apaixonaram e em pouco tempo estavam casados. Amavam tanto um ao outro que observá-los juntos era como imaginar uma cena de um romance. Em pouco tempo, Kerstin ficou grávida do primeiro filho, e a vida deles assumiu tamanha empolgação como raramente eu havia observado. Naquele mesmo ano,

120 · CHUVA ABUNDANTE

Kerstin conquistou a maior honra da nossa escola, o Prêmio M. Earl Johnson, que é concedido a apenas dois alunos por classe em razão dos fatores caráter, desempenho e unção extraordinários. Eles estavam na maior alegria, e estávamos contagiados por todo esse júbilo.

Então, de repente, algo terrível aconteceu. Quando Kerstin estava no quarto mês de gravidez, voltou do médico com um sério diagnóstico de câncer em quarto estágio que se espalhara por todo o corpo. Ela correu a um especialista, que confirmou seu estado. Os médicos estavam confiantes de que poderiam salvar a vida dela se começasse o tratamento imediatamente, mas explicaram que a quimioterapia mataria o bebê. A escolha era clara: abortar o bebê e viver, ou carregar a criança até o fim e morrer. Kerstin não hesitou; estava decidida. Se fosse necessário, daria a vida para salvar o filho. Cinco meses depois, um menino saudável chamado Kalani veio ao mundo encontrar os animados pais. Kalani significa "celestial", e ele era com certeza um presente de Deus. Enquanto isso, a igreja orava, jejuava e guerreava por ela. Mas, dez meses depois do nascimento da criança celestial, sua mãe terrena se foi!

A maioria das pessoas gasta a existência tentando salvar a vida, perguntando-se por que nunca estão realmente realizados. Talvez Mick Jagger tenha expressado isso melhor ao cantar: "I can't get no [...] satisfaction" [Não tenho satisfação].[6] Kerstin, porém, teve coragem de dar a vida para que outra pessoa pudesse viver. Você tem?

Alexandre, o Grande

A coragem de morrer por uma causa sempre foi ingrediente essencial em qualquer esforço para mudar a História. Alexandre, o Grande,

---

[6] JAGGER, Mick; Richards, Keith. (I Can't Get No) Satisfaction, Out of our Heads. London Records, 1965.

é um exemplo clássico de líder que inspirou as pessoas a darem a vida por algo maior que elas mesmas. Poucos séculos antes de Cristo, Alexandre conquistou, com sua força militar, a maior parte do mundo conhecido. Um dia, Alexandre e uma pequena companhia de soldados aproximaram-se de uma cidade murada fortemente defendida. Alexandre, do lado de fora do muro, elevou a voz, exigindo ver o rei. O rei, que estava na muralha acima do exército invasor, concordou em ouvir as exigências de Alexandre.

— Renda-se imediatamente — ordenou Alexandre.

— Por que deveria me render? Nós estamos em número muito maior. Vocês não são ameaça para nós! — riu o rei.

— Permita-me demonstrar-lhe por que você deveria se render — retrucou Alexandre, confiante.

Alexandre, então, ordenou que seus homens se alinhassem em fila única e começassem a marchar. Eles marcharam em direção a um penhasco abrupto que descia dezenas de metros até chegar às rochas lá embaixo. O rei e seus soldados assistiam chocados e incrédulos enquanto, um a um, os soldados de Alexandre marchavam sem hesitar do penhasco para a morte. Depois de dez soldados terem morrido, Alexandre ordenou que o resto dos homens parasse e retornasse. O rei e seus soldados se renderam imediatamente a Alexandre, o Grande.

Disfarces

Há tantas coisas na vida que se fazem passar por coragem e na verdade não passam de medo disfarçado. Quando as pessoas fazem comentários do tipo: "Não me importo com o que os outros pensam sobre mim", estão enganando a si mesmas. Todos nós precisamos de afeição e encorajamento. É a natureza humana. O real problema dessas pessoas é que temem que, se os outros as conhecerem, não gostarão delas. Portanto, trabalham duro para rejeitar os outros antes que possam ser rejeitadas.

Também há os medrosos do tipo "só eu falo". Você já conversou com alguém que não deixa você dizer uma só palavra? Essas pessoas morrem de medo de serem controladas por outros, por isso não deixam ninguém falar.

> HÁ TANTAS COISAS NA VIDA QUE
> SE FAZEM PASSAR POR CORAGEM E NA VERDADE
> NÃO PASSAM DE MEDO DISFARÇADO.

E quanto aos raivosos? Ficam brabos para não sentirem medo.

Há a mulher sedutora ou a *miss* que tem medo de homens e aprendeu a usar o corpo para transformar leões agressivos em gatinhos ronronantes.

Há o gênio que precisa ser mais esperto do que todo mundo para poder lidar com sua insegurança. Ele acredita que, enquanto for mais inteligente que qualquer pessoa no Planeta, não precisará ter medo de ninguém.

O fisiculturista pode estar usando outra muleta do medo: ser mais forte do que todos para poder lidar com seus temores.

Já encontrou o doutor em Bíblia? Ele sabe tudo a respeito do Livro e se esconde atrás da religião.

A lista poderia continuar. Não estou sugerindo de forma alguma que beleza, cérebro, talento ou músculos são errados em si (a raiva, certamente, é uma exceção). Mas, quando somos motivados pelo medo em vez de pela fé, o espírito errado unge nossa força.

Coragem desmedida • **123**

Tipos de coragem

Há dois tipos de coragem que são admiradas no Reino de Deus. Chamo o primeiro tipo de "medo que fez suas orações". É a coragem que entra em ação em meio a intenso medo. Ester demonstrou esse tipo de coragem. Hamã, o braço direito do rei, odiava um judeu chamado Mordecai, pois ele se recusava a tratar Hamã como um deus. Para se vingar, Hamã convenceu o rei a exterminar todos os judeus, sem saber que a própria rainha era judia.

A RAINHA ESTER ESTAVA PREOCUPADA,

MAS RECUSOU-SE A DEIXAR O MEDO DITAR SEU FUTURO.

Mordecai era primo da rainha Ester e o responsável por ela ter se tornado rainha em primeiro lugar. Mordecai descobriu o plano de genocídio de Hamã e foi até a porta do rei vestido de pano de saco, lamentando e pranteando. Preocupada e assustada, Ester tentou acalmá-lo e fazê-lo mudar de roupa. É aí que o plano se complica. Mordecai inspirou Ester a agir com estas famosas palavras:

> "Não pense que pelo fato de estar no palácio do rei, você será a única entre os judeus que escapará, pois, se você ficar calada nesta hora, socorro e livramento surgirão de outra parte para os judeus, mas você e a família do seu pai morrerão. Quem sabe se não foi para um momento como este que você chegou à posição de rainha?" (Ester 4.13,14).

Depois disso, Ester mandou uma mensagem em resposta a Mordecai, dizendo: "Vá reunir todos os judeus que estão em Susã, e jejuem em meu favor. Não comam nem bebam durante três dias e três noites. Eu e minhas criadas jejuaremos como vocês.

124 • Chuva Abundante

Depois disso irei ao rei, ainda que seja contra a lei. Se eu tiver que morrer, morrerei" (Ester 4.16).

A rainha Ester estava preocupada, mas recusou-se a deixar o medo ditar seu futuro. Ela entrou no palácio e apelou ao rei. Conquistou o favor real, e o rei mandou enforcar Hamã na forca que este erigira para Mordecai. Ester salvou os judeus e salvou o dia.

Os cães da perdição geralmente se postam às portas do destino. Eles começam a latir quando estamos prestes a cruzar o limiar de um propósito dado por Deus. A maioria das pessoas nunca entra realmente na terra prometida porque permite que o medo dite as fronteiras do futuro. Elas limitam sua vida para acomodar os cachorros e confundem silêncio com paz. Por exemplo, se você tem medo de voar e nunca entra num avião, não sentirá medo, pois restringiu sua vida para silenciar os cachorros. Poderá pensar que está absolutamente tranquilo, mas a verdade é que ainda está cheio de medo. Subconscientemente, sabe que voar irá acordar o monstro adormecido, e ele o atormentará até que você o mate ou lhe obedeça.

Matando dragões

Esses dragões do medo têm vagado pela terra, atormentado as pessoas por gerações. Foram esses mesmos servos do medo que milhares de anos atrás impediram que o povo de Israel entrasse na terra que Deus lhes prometera. Sempre há gigantes esperando por nós na fronteira do nosso destino porque precisamos deles! O processo de conquistá-los é o que nos prepara para prosperarmos na terra prometida.

É a coragem que teme e treme que nos faz passar pelos Golias da vida. O grande apóstolo Paulo, que corajosamente suportou prisão, apedrejamento, surras, naufrágio, foi dado como morto em pelo menos uma ocasião e, por fim, decapitado, disse aos coríntios: "E foi com fraqueza, temor e com muito tremor que estive entre vocês" (1Coríntios 2.3). Mais tarde, escreveu as seguintes palavras para os cristãos em Filipos: "Assim, meus amados, como sempre vocês obedeceram, não apenas na minha presença, porém muito mais agora na minha ausência, ponham em ação a salvação de vocês com temor e tremor, pois é Deus quem efetua em vocês tanto o querer quanto o realizar, de acordo com a boa vontade dele" (Filipenses 2.12,13). Vemos claramente na vida de Paulo que coragem não significa necessariamente não ter medo. Na maioria das vezes, a bravura é de fato demonstrada diante do medo. Somente quando enfrentamos o medo é que podemos vencê-lo e conquistar o nosso destino.

> SOMENTE QUANDO ENFRENTAMOS O MEDO É QUE
> PODEMOS VENCÊ-LO E CONQUISTAR O NOSSO DESTINO.

Muitas pessoas vivem com a ilusão de que os corajosos são de alguma forma imunes à ansiedade. Isso simplesmente não é verdade. O medo é uma emoção humana comum a todos. Lucas descreve o estado emocional de Jesus horas antes de ele ser crucificado. Ele disse que Jesus estava em tal agonia a ponto de suar gotas de sangue (v. Lucas 22.44). Eu diria que essa foi uma demonstração de intenso medo. Coragem não é um estado emocional, mas, pelo contrário, a escolha que fazemos de dominar nossos sentimentos para obtermos o resultado desejado.

Segundo tipo de coragem

Há outro tipo de coragem que também é demonstrada ao longo da Bíblia. Estou falando da coragem desmedida, sobrenatural, que transcende a mente, a vontade e as emoções. Os capítulos 4 e 5 de Atos apresentam um exemplo perfeito de coragem sobrenatural:

Então, chamando-os novamente, ordenaram-lhes que não falassem nem ensinassem em nome de Jesus. Mas Pedro e João responderam: "Julguem os senhores mesmos se é justo aos olhos de Deus obedecer aos senhores e não a Deus. Pois não podemos deixar de falar do que vimos e ouvimos". Depois de mais ameaças, eles os deixaram ir. [...] Quando foram soltos, Pedro e João voltaram para os seus companheiros e contaram tudo o que os chefes dos sacerdotes e os líderes religiosos lhes tinham dito. Ouvindo isso, levantaram juntos a voz a Deus, dizendo: "Ó Soberano, tu FIZESTE OS CÉUS, A TERRA, O MAR E TUDO O QUE NELES HÁ! Tu falaste pelo Espírito Santo por boca do teu servo, nosso pai Davi: 'POR QUE SE ENFURECEM AS NAÇÕES, E OS POVOS CONSPIRA-RÃO EM VÃO? OS REIS DA TERRA SE LEVANTAM, E OS GOVERNANTES SE REÚNEM CONTRA O SENHOR E CONTRA O SEU UNGIDO'. De fato, Herodes e Pôncio Pilatos reuniram-se com os gentios e com o povo de Israel nesta cidade, para conspirar contra o teu santo servo Jesus, a quem ungiste. Fizeram o que o teu poder e a tua vontade haviam decidido de antemão que acontecesse. Agora, Senhor, considera as ameaças deles e capacita *os teus servos para anunciarem a tua palavra corajosamente*. Estende a tua mão para curar e realizar sinais e maravilhas por meio do nome do teu santo servo Jesus". Depois de orarem, tremeu o lugar em que estavam reunidos; todos ficaram cheios do Espírito Santo e anunciavam corajosamente a palavra de Deus (Atos 4.18-21,23-31, grifo e destaque nossos).

Depois, ordenaram-lhes que não falassem no nome de Jesus, e os deixaram sair em liberdade. Os apóstolos saíram do Sinédrio, alegres por terem sido considerados dignos de serem humilhados por causa do Nome. Todos os dias, no templo e de casa em casa, não deixavam de ensinar e proclamar que Jesus é o Cristo (Atos 5.40-42).

Não nos podemos preparar psicologicamente para reunir coragem sobrenatural. É uma ousadia divina que só pode ser transmitida pelo próprio Senhor. Quando recebemos o dom de coragem, sentimos como se houvesse um campo de força invisível nos protegendo.

Minha história

Vivenciei esse tipo de coragem em muitas ocasiões. Uma das mais dramáticas aconteceu no verão de 1994. Kathy e eu levamos meu filho e seus colegas da oitava série, oito crianças, para a praia de Santa Cruz em comemoração à formatura deles. Voltávamos para casa ao anoitecer em uma *van* alugada de 15 lugares. Depois de algumas horas de viagem, as crianças quiseram parar para ir ao banheiro. Saímos da autoestrada e entramos em uma loja de conveniência. As crianças desceram, foram ao banheiro, pegaram algo para comer e entraram de novo. Quando pegamos o acesso para a autoestrada, notei, no espelho retrovisor, uma camionete branca antiga colada atrás de nós. Provavelmente, não teria pensado muito a respeito se não tivesse ouvido uma voz no meu espírito, dizendo: "Paz seja com você. Nenhum mal acontecerá a qualquer um de vocês". "Que coisa estranha para se ouvir", pensei, mas uma intensa paz veio sobre mim. Sentia-me como se tivesse mergulhado num oceano de coragem.

128 • CHUVA ABUNDANTE

Depois que entramos na autoestrada, a camionete que nos estava seguindo passou para o nosso lado. O motorista abaixou o vidro da janela do carona e começou a gritar e gesticular para que eu parasse. Diminuí a velocidade e comecei a sair da estrada, ainda tentando entender o motivo da preocupação do homem. Seus gritos e gestos estavam cada vez mais intensos. Abaixei o vidro e diminuí ainda mais a velocidade, e ele ficou a poucos centímetros da *van*. Pensei que o tivesse ouvido dizer que o pneu traseiro estava murcho, por isso parei, e a camionete parou ao nosso lado. Ele parecia não ter notado que sua camionete estava bloqueando uma das pistas da estrada. Continuava gritando alguma coisa, mas não consegui entender uma palavra do que dizia. Então, algo maluco aconteceu: Olhei nos olhos dele, e eles estavam *vermelhos, brilhando!* Não quero dizer que tivesse uma inflamação ou parecessem cansados; quero dizer que seus olhos estavam *brilhando*. Então, ouvi uma voz suave em meu interior dizer: "Saia daqui!".

Agradeci ao homem e comecei a manobrar o carro para voltar à estrada. O homem ficou enfurecido e nos empurrou para fora da pista, espremendo-nos contra a mureta. Ele saiu da camionete — vi que tinha uns 30 anos e era branco, vestia uma camiseta esfarrapada e um *jeans* sujo — e correu em direção à porta de passageiros da *van*. Uma das crianças gritou: "Ele tem uma arma!".

Joguei a *van* para a estrada, pisei fundo e passei quase raspando na mureta e na camionete. Depois de conseguir passar, olhei no retrovisor e vi o cara correndo para o carro dele. Acelerei, esperando deixá-lo para trás rapidamente e sair da autoestrada. Mas em poucos segundos ele estava de novo colado em nós, tentando bater na traseira do meu carro. As crianças estavam muito agitadas e gritavam: "Ele vai bater em nós! Ele está tentando

Coragem desmedida · **129**

acertar nossa traseira!'". Pisei fundo no acelerador, e a velocidade subiu para 130 km/h, depois para 145 km/h e, então, para 160 km/h. Mas a velha camionete continuava a poucos centímetros do para-choque traseiro.

Enquanto isso, o medo tomara conta de todos na *van*. Kathy e as crianças estavam gritando e chorando. Um menino abriu o cinto de segurança e ficou de pé na *van*, gritando: "Vamos todos morrer! Vamos morrer!". Ele agarrou a maçaneta da porta de trás, tentando abri-la, aparentemente planejando saltar do veículo. Meu filho, Jason, e seu amigo, Andy, soltaram o cinto rapidamente e jogaram o menino no chão, contendo-o, pois ele estava fora de si.

Kathy ficou histérica e começou a implorar que eu parasse. Mas uma paz impressionante continuava a fluir sobre mim. A paz era tão intensa que eu ria quase o tempo todo em meio à difícil situação. Acho que ninguém mais achou graça nisso tudo, especialmente minha esposa!

O homem louco continuava tentando bater em nós enquanto eu mudava de uma pista para outra, usando toda a autoestrada para evitar uma colisão. Os outros carros da rodovia começaram a diminuir a velocidade para nos dar espaço para manobrar ao mesmo tempo que assistiam ao ataque.

Eu não conseguia escapar; então, depois de uma perseguição de quase 60 quilômetros, decidi parar e ver o que ele faria com tantas testemunhas observando. Parei completamente no lado direito da estrada. O tráfego parou nos dois sentidos. Para minha surpresa, ele atravessou a camionete na pista, ficando de lado. Então, veio à nossa direção a toda velocidade e tentou atingir nossa lateral. Pisei com tudo no acelerador, escapando por pouco. Ele bateu na mureta e a camionete ficou presa no cascalho do acostamento.

Pisei no acelerador, e a pesada *van* cantou pneus, chegando a 175 km/h. Os carros que estavam na estrada paravam para nos deixar passar, enquanto tentávamos fugir em busca de segurança. Vários minutos se passaram, e, então, de repente, a camionete branca apareceu de novo no retrovisor. Em poucos segundos ele conseguiu ficar do nosso lado. Eu serpenteava de uma pista para outra por toda a rodovia, usando até os acostamentos de cascalho nos dois lados da autoestrada, tentando escapar dos ataques. Várias vezes, acelerava até alcançar 160 km/h e, então, pisava no freio, desviando exatamente quando ele estava prestes a bater da traseira do nosso carro, forçando-o a passar a nossa frente. Aí, eu fazia o possível para ficar atrás dele.

Por fim, passamos por um policial que havia parado do outro lado da estrada. Pisei no freio e parei no retorno perto do canteiro. O maluco aproximou-se e tentou bater na lateral da *van* enquanto derrapava para parar. Engatei a marcha a ré e pisei fundo, tentando desesperadamente voltar para perto do carro de polícia.

Finalmente, o policial estava à vista. Kathy abaixou o vidro e começou a gritar histericamente para o policial:

— Ele está tentando nos matar! Por favor, nos ajude! Ele está tentando nos matar!

Parei no canteiro central. Havia apenas três pistas nos separando do policial. Tentei esperar ali, enquanto Kathy continuava lutando para chamar a atenção do policial. Já estava começando a escurecer, e eu sabia que o maluco estava perto, mas não conseguia ver onde ele tinha parado.

De repente, a porta de trás da *van* se abriu, e as meninas no banco de trás começaram a gritar: — Ele abriu a porta de trás! Está entrando na *van*!

Por cima do banco, as meninas conseguiram manter a porta parcialmente fechada.

— Aguentem firme! — gritei.

Engatei a marcha, e o carro deu um salto, jogando o homem no chão. Queria ficar perto do policial, por isso parei mais uma vez, na esperança de que ele nos visse. Mas o lunático saltou no estribo, abriu a janela à força e conseguiu destravar a porta lateral. Jason e Andy ainda estavam segurando o rapaz no chão, enquanto ele continuava gritando e tentando fugir.

Jason espichou uma mão, agarrou a maçaneta, lutou para segurar a porta fechada e gritou:

— Pai, ele está entrando pela porta lateral!

— Aguente firme! — respondi. Engatei a marcha a ré e acelerei fundo. O criminoso caiu da *van* mais uma vez. Comecei a correr para a frente e para trás a fim de mantê-lo longe da *van*, tentando permanecer à vista do policial.

De repente, ouvi alguém do lado de fora da *van* gritando:

— Pare, ou estouro seus miolos!

“Bom”, pensei, “finalmente o policial o pegou”. Mas, quando me virei e olhei para a frente, vi que o patrulheiro estava apontando a arma para a minha cabeça, a poucos centímetros do para-brisa.

— Fora da *van*! — ordenou. Lentamente, soltei o cinto de segurança e abri a porta. Ele colocou a arma no meu peito e me jogou no chão.

—Você pegou o cara errado. Cara, você está prendendo o homem errado! — defendia-me. Ele me algemou pelas costas e me arrastou para o banco de passageiros da *van*. Vi então que o maluco também estava algemado, deitado no chão. Em poucos segundos, carros de polícia e um helicóptero nos rodeavam.

Mesmo algemado, uma paz inacreditável continuava fluindo sobre mim. Ouvi o louco dizendo ao policial que eu sequestrara a filha dele. Os policiais colocaram as meninas em fila ao lado da *van* e pediram que ele identificasse sua filha. Quando ele não conseguiu encontrá-la, eles o carregaram para o carro de polícia. Quando a história foi finalmente esclarecida, eles me soltaram, e voltamos para casa sem mais incidentes.

No outro dia, às 6 horas da manhã, o telefone tocou. Assustado e com muito sono, atendi.

— Alô — resmunguei. Houve uma longa pausa, mas pude ouvir alguém chorando baixinho do outro lado. — Alô — eu disse um pouco mais animado dessa vez.

— Oi, sou o policial Jones, o homem que o prendeu na noite passada.

Engolindo as lágrimas, ele continuou:

— Queria pedir desculpas por tê-lo tratado daquele jeito.

Incapaz de disfarçar o choro, ele prosseguiu:

— Quando sua esposa disse: "Ele está tentando nos matar" e o homem disse que você sequestrara a filha dele, pensei que você fosse o assaltante. Como você não parava a *van*, decidi atirar em você para salvar a família. Mas, quando mirei a arma e apertei o gatilho, alguma coisa disse: 'Não atire!'. Sou da polícia há vinte anos e nunca atirei em ninguém. Mas quase matei você!

— Oh, não se preocupe com isso — respondi. — Sou cristão, e, quando tudo começou, o Senhor me disse: "Paz seja com você, e mal algum acontecerá a qualquer de vocês". Por isso você não poderia ter atirado em mim.

Aparentemente chocado e ainda chorando, o policial desligou.

Se vamos transformar cidades, discipular nações e ver literalmente o céu na terra, será preciso verdadeira bravura: coragem

Coragem desmedida • 133

sobrenatural que desafia os inteligentes, confronta o espírito político e obriga os agoureiros de maldição a recuarem. A maior parte da turma da oitava série foi tão poderosamente tocada pela proteção divina de Deus que, no domingo pela manhã, cada um se colocou de pé na igreja e compartilhou o impacto que a viagem teve sobre a vida deles. (O menino que foi mantido no chão da *van* estava bem traumatizado. Ele precisou da ajuda de um psicólogo por cerca de um ano até conseguir superar tudo. Kathy também precisou lidar com o medo por um bom tempo.) A história da proteção sobrenatural de Deus circulou por nossa cidadezinha por muitos anos.

É tempo de pedirmos ao céu uma infusão de coragem que tome conta da nossa alma e inspire nosso espírito!

CAPÍTULO 5

Na terra dos gigantes

Excelência é preocupar-se mais do que os outros pensam ser aconselhável,

arriscar mais do que os outros consideram seguro,

sonhar mais do que os outros pensam ser útil,

e esperar mais do que pensam ser possível.

AUTOR DESCONHECIDO

Tall Poppies

Era uma tarde quente de verão na Austrália. Cerca de 200 líderes estavam reunidos em uma conferência de liderança em que eu estava ensinando sobre grandeza. Queria usar alguns exemplos que fizessem sentido para o público a fim de enfatizar que são os heróis que fazem história. Contudo, não estava familiarizado com o passado da Austrália, por isso perguntei ao público: "Quem são os heróis da nação?". Eles ficaram em completo silêncio. Após alguns momentos de tensão, insisti: "Vamos lá, australianos, quem são as pessoas mais famosas da Austrália? Sabem o que quero dizer. Os Estados Unidos têm George Washington, Abraham Lincoln e Billy Graham. A Inglaterra tem Winston Churchill, e a África do Sul tem Nelson Mandela. Quem são os heróis deste país?".

O auditório continuou em silêncio. Finalmente, um dos líderes mais velhos, sentado na primeira fila, quebrou o silêncio. "Kris", sussurrou, tentando claramente não me envergonhar. "Não temos heróis na nossa nação. É um tabu cultural ser importante na Austrália. Isso se chama síndrome *tall poppy*".

Depois que a reunião terminou, alguns pastores da equipe vieram me explicar que a síndrome *tall poppy* é uma dinâmica social em que qualquer um que realize alguma coisa notória ou de alguma forma se sobressaia à multidão é derrubado pelos outros. Fiquei chocado ao descobrir que esse era um princípio orientador da cultura deles e pus-me a imaginar se compreendiam que essa dinâmica social consequentemente levava as pessoas a resistir ao avanço, à inovação e ao progresso. Enquanto meditava sobre a mentalidade australiana, passou-me pela cabeça que grande parte do Corpo de Cristo tem uma cultura idêntica. Muitas igrejas estão ensinando as pessoas a serem *boas,* mas poucas estão inspirando-as à *grandeza.*

MUITAS IGREJAS ESTÃO ENSINANDO
AS PESSOAS A SEREM *BOAS*, MAS POUCAS
ESTÃO INSPIRANDO-AS À GRANDEZA.

Humildade e grandeza

A falsa humildade é grandemente responsável pela síndrome *Tall Poppy* na Igreja. No meu primeiro livro, *The Supernatural Ways of Royalty* [Os meios sobrenaturais da realeza], examino a verdadeira natureza da humildade. Correndo o risco de ser redundante, quero rever brevemente um exemplo bíblico que demonstra como a verdadeira humildade é inteiramente compatível com a confiança, a força e cada um dos outros aspectos da grandeza.

136 · Chuva Abundante

O profeta Daniel registra o testemunho do rei Nabucodonosor, que sonhara com uma grande árvore que cobria a terra e abrigava animais, pássaros e criaturas do Planeta. No meio dessa incrível visão, o rei ouviu uma voz gritar:

"Derrubem a árvore e cortem os seus galhos; arranquem as suas folhas e espalhem os seus frutos. Fujam os animais de debaixo dela e as aves dos seus galhos. Mas deixem o toco e as suas raízes, presos com ferro e bronze; fique ele no chão, em meio à relva do campo. Ele será molhado com o orvalho do céu e com os animais comerá a grama da terra. A mente humana lhe será tirada, e ele será como um animal, até que se passem sete tempos" (Daniel 4.14-16).

O rei, como é compreensível, ficou assustado com o sonho e chamou seus maiores consultores espirituais para interpretá-lo. Exatamente quando os magos, encantadores e adivinhos estavam dizendo ao rei que não podiam interpretar o sonho, Daniel entrou no recinto. (Temos de admirar o relógio interno desse cara; ele sempre parecia estar só um pouquinho atrasado onde quer que fosse.) Nabucodonosor contou o sonho a Daniel, que imediatamente recebeu a interpretação de Deus.

O que Daniel fez em seguida pode não estar muito relacionado ao tema da humildade, mas mesmo assim vale a pena comentar. Antes de explicar o significado do sonho, Daniel disse ao rei: "Meu senhor, quem dera o sonho só se aplicasse aos teus inimigos e o seu significado somente aos teus adversários!" (Daniel 4.19). Daniel amava verdadeiramente o rei e o servia, apesar de ele ter destruído seu país, provavelmente matado sua família e o levado cativo para servi-lo segundo a vontade dele. Nabucodonosor era

Na terra dos gigantes • **137**

muito perigoso. Mas há uma lição poderosa oculta nessa história. Se vamos ser chamados ao palácio para aconselhar reis e guiar nações, é melhor descobrirmos um jeito de amar nossos inimigos e ajudar líderes com quem não concordamos. Agora, de volta à história. Daniel explicou que a árvore que o anjo derrubou no sonho, de fato, representava Nabucodonosor! Ao que parece, o comportamento destrutivo do rei, sua arrogância e seu orgulho por fim o colocaram em dificuldades com Deus, e o Senhor do céu estava prestes a discipliná-lo severamente. Daniel prosseguiu, aconselhando Nabucodonosor a tentar evitar a calamidade, humilhando-se. Mas o rei teimoso não deu ouvidos, e, um ano mais tarde, seu mundo desmoronou. Este é o relato do seu fim:

> Doze meses depois, quando o rei estava andando no terraço do palácio real da Babilônia, disse: "Acaso não é esta a grande Babilônia que eu construí como capital do meu reino, com o meu enorme poder e para a glória da minha majestade?" As palavras ainda estavam nos seus lábios quando veio do céu uma voz que disse: "É isto que está decretado quanto a você, rei Nabucodonosor: Sua autoridade real lhe foi tirada. Você será expulso do meio dos homens, viverá com os animais selvagens e comerá capim como os bois. Passarão sete tempos até que admita que o Altíssimo domina sobre os reinos dos homens e os dá a quem quer". A sentença sobre Nabucodonosor cumpriu-se imediatamente. Ele foi expulso do meio dos homens e passou a comer capim como os bois. Seu corpo molhou-se com o orvalho do céu, até que os seus cabelos e pelos cresceram como as penas da águia, e as suas unhas como as garras das aves (Daniel 4.29-33).

138 • Chuva Abundante

O rei insano viveu no exílio por sete anos. Finalmente, aquele terrível período terminou, e Deus o restaurou. Evidentemente, Nabucodonosor mantinha um diário de sua restauração, pois seus pensamentos e reflexões se tornaram parte do livro de Daniel. O rei Nabucodonosor escreveu:

> "Naquele momento voltou-me o entendimento, e eu recuperei a honra, a majestade e a glória do meu reino. Meus conselheiros e os nobres me procuraram, meu trono me foi restaurado, e minha grandeza veio a ser ainda maior. Agora eu, Nabucodonosor, louvo, exalto e glorifico o Rei dos céus, porque tudo que ele faz é certo, e todos os seus caminhos são justos. E ele tem poder para humilhar aqueles que vivem com arrogância" (Daniel 4.36,37).

A VERDADE DA GRAÇA DE DEUS HUMILHA A PESSOA SEM DEGRADÁ-LA E A EXALTA SEM ENCHÊ-LA DE ORGULHO!

Deus removeu o rei por causa de sua arrogância e estilo de vida egocêntrico. Mas, quando o Altíssimo restaurou a mente de Nabucodonosor, o rei disse *humildemente* que ele tinha *majestade, esplendor, glória, soberania e grandeza ainda maior!* Fica evidente aqui que humildade não é um sentimento ruim sobre si mesmo, nem pensar que se é pequeno, insignificante ou qualquer outra coisa que rebaixe a autoestima. A verdadeira humildade começa quando nos lembramos de qual é a fonte da nossa grandeza. A verdade da graça de Deus humilha a pessoa sem degradá-la e a exalta sem enchê-la de orgulho!

Exaltado

A humildade não é somente compatível com a grandeza; é o processo para a significância. Vemos isso claramente na afirmação de Jesus: "Pois todo aquele que a si mesmo se exaltar será humilhado, e todo aquele que a si mesmo se humilhar será exaltado" (Mateus 23.12). Jesus não estava criticando o desejo de grandeza; ele o estava *estimulando*. mostrando-nos como alcançá-la!

> NA IGREJA, COM FREQUÊNCIA
> ENFATIZAMOS O PROCESSO E
> REBAIXAMOS A PROMESSA.

Todos nós concordamos que Jesus é o modelo de humildade, assim como o é de todas as outras coisas. Se isso é verdade, então só precisamos fazer uma pergunta simples: O que aconteceu quando Jesus se humilhou? Paulo nos responde:

[...] mas [Jesus] esvaziou-se a si mesmo, vindo a ser servo, tornando-se semelhante aos homens. [...] Por isso Deus o exaltou à mais alta posição e lhe deu o nome que está acima de todo nome, para que ao nome de Jesus SE DOBRE TODO JOELHO, nos céus, na terra e debaixo da terra, e toda língua confesse que Jesus Cristo é o Senhor, para a glória de Deus Pai (Filipenses 2.7,9-11, destaque nosso).

Caso esteja se perguntando, ser exaltado significa ser *elevado*. No Reino, a humildade tem por objetivo nos transformar todos em *tall poppies*! Entretanto, muitas vezes na Igreja enfatizamos o processo e rebaixamos a promessa, o que, por sua vez, gera frustração e confusão. Precisamos remover essa contradição de

140 • CHUVA ABUNDANTE

nossos valores e permitir que aqueles que se submetem ao processo que Jesus instituiu como modelo recebam a recompensa que cabe a eles.

Casa de heróis

Não posso deixar de destacar que os 12 homens que andaram com Jesus, embora tivessem profissões e históricos diferentes, no final das contas tinham uma coisa em comum. Todos pensaram que deveriam ser notáveis. Há algo na presença de Jesus que faz as pessoas sonharem com proeminência, esplendor e grandeza. Se quisermos ver uma reforma na Igreja que se traduza em verdadeira transformação global, precisaremos cultivar, encorajar e eleger uma casa de heróis.

O livro de Neemias nos conta que Jerusalém tinha uma casa de homens poderosos. O livro de Neemias pode ser lido como um "tipo" de obra de restauração do Espírito Santo (Neemias significa "Deus consola"); e cada elemento da restauração de Jerusalém aponta para as coisas que o Espírito Santo está restaurando na Igreja. Originariamente, foi o rei Davi quem estabeleceu a "casa dos heróis" (Neemias 3.16, *Almeida Revista e Atualizada*). Davi tinha jeito para transformar fracotes em guerreiros, assim como Jesus depois dele. (Você consegue imaginar uma casa onde vivessem os homens valentes de Davi? Isso é o que chamo de guardiões da vizinhança.[1]) Os homens valentes de Davi viviam na mesma "casa", o que lhes permitia estabelecer e manter uma cultura heroica. Podemos apostar que não havia essa coisa de síndrome *tall poppy* na casa dos heróis de Davi!

---

[1] Em inglês *neighborhood watch*, grupo organizado de cidadãos que se dedicam a prevenir crimes e vandalismo no bairro. [N. do T.]

Homens honrados

Se a Igreja quiser se tornar um lugar onde se possa treinar, equipar e enviar homens e mulheres valentes, então precisamos de líderes como Jesus e Davi. Como discuti no livro *The Supernatural Ways of Royalty*, o principal motivo por que a falsa humildade persiste na Igreja é ainda não sabermos realmente quem somos em Cristo. Precisamos que pais confiantes sejam restaurados ao Corpo de Cristo para restabelecerem a identidade real do povo de Deus. A suprema confiança de Jesus em sua identidade como Filho de Deus lhe permitiu anunciar a filiação de seus discípulos. A identidade real de Davi, que ele acolheu muito antes de se sentar em um trono, o levou a transformar um bando de rejeitados em uma companhia de guerreiros reais. Os líderes precisam estar firmados em sua própria identidade em Deus se quisermos desenvolver uma cultura que posicione pessoas que transformem o mundo. Precisamos que Jesus ande conosco de tal forma que sejamos tomados pelo mesmo senso de identidade real e visão épica que os discípulos experimentaram nos dias em ele andou neste planeta.

Emancipador ou ausente

Há muitos líderes que pensam que estão emancipando seu povo quando na verdade estão ausentes. Capacitar pessoas e estar distante não são a mesma coisa! Um pai que raramente vem para casa nunca seria tido como uma presença emancipadora em sua família. Um líder que dificilmente sai do escritório ou raramente interage com sua equipe é como um pai que nunca vai para casa. Ele pode pensar que está sendo emancipador ao remover da cultura o elemento negativo do controle. Mas as pessoas não se sentem necessariamente poderosas simplesmente porque ninguém as está resistindo. Na maioria dos casos, a ausência do líder faz que se sintam perdidas, abandonadas e incertas quanto ao que devem fazer.

142 • Chuva Abundante

Líderes emancipadores têm uma atitude proativa, não inativa. Não removem simplesmente a dinâmica controladora; estabelecem elementos positivos de comunicação, encorajamento, direção, honra e cooperação.

Casualmente, líderes ausentes podem ser tão controladores como aqueles que se intrometem nos negócios de todo mundo. Muitas vezes, pensamos em líderes controladores como pessoas que fiscalizam tudo de perto ou pessoas zangadas que governam pelo medo e intimidação. Na verdade, uma das formas mais comuns de controlar as pessoas é se ausentar e reter informações. Jesus considerou isso da seguinte forma: "Já não os chamo servos, porque o servo não sabe o que o seu senhor faz. Em vez disso, eu os tenho chamado amigos, porque tudo o que ouvi de meu Pai eu lhes tornei conhecido" (João 15.15). Jesus relacionou escravidão a reter informações.

Capacitar pessoas e estar distante
não são a mesma coisa!

Em Gênesis, na história de José, encontramos um ótimo exemplo de como reter informação escraviza as pessoas. José interpretou o sonho do faraó como significando sete anos de fartura seguidos por sete anos de fome. Então, ele sabiamente instruiu o faraó a armazenar 20% de todo grão do Egito nos sete anos de fartura para que houvesse comida suficiente para alimentar a nação durante a época de fome (v. Gênesis 41). Mas José não contou a revelação sobre a fome que viria e o plano de armazenar alimento para a população egípcia. O resultado foi que todos os habitantes do Egito se tornaram escravos ao se venderem ao faraó por comida!

"Não deixes que morramos e que as nossas terras pereçam diante dos teus olhos! Compra-nos, e compra as nossas terras, em troca de trigo, e nós, com as nossas terras, seremos escravos do faraó. Dá-nos sementes para que sobrevivamos e não morramos de fome, a fim de que a terra não fique desolada". Assim José comprou todas as terras do Egito para o faraó. Todos os egípcios tiveram que vender os seus campos, pois a fome os obrigou a isso. A terra tornou-se propriedade do faraó. (Gênesis 47.19,20)

Se José simplesmente tivesse compartilhado com o povo a mesma revelação que deu ao faraó, os egípcios teriam se tornado o povo mais rico da terra, pois a fome atingiu todo o mundo conhecido, e pessoas vieram de todas as nações para comprar comida. Em vez disso, o segredo de José criou um sistema de duas classes (ricos e pobres), e uma nação do Primeiro Mundo se tornou uma nação do Terceiro Mundo em uma geração. Curas sintomáticas hoje se tornam os problemas de amanhã. O faraó posterior que subiu ao poder escravizou os israelitas (v. Êxodo 1). É importante que compreendamos que tipo de ecossistema nossas decisões geram para as futuras gerações!

LÍDERES CAPACITADORES TOMAM DECISÕES
COM AS PESSOAS, NÃO SIMPLESMENTE *PARA* AS PESSOAS.

Líderes capacitadores tomam decisões *com* as pessoas, não simplesmente *para* as pessoas. Quando retemos informações das pessoas ou dizemos apenas o que precisam saber para realizar uma tarefa, produzimos campos de escravos em que uma pessoa pensa por todas. Isso é religião ao extremo. A religião quer domar as pessoas,

144 • Chuva Abundante

domesticar as massas e fazer que sigam as regras. Mas ideias novas nunca são descobertas atrás das barras de ferro de um zoológico. É somente na desconhecida selva da vida que se revelam realidades e oportunidades novas. Se quisermos nos tornar uma casa de heróis, precisamos de ideias inovadoras, soluções não testadas, inovação e ousadia, pensamentos corajosos de pessoas que correm riscos, não de guardas de zoológico.

A RELIGIÃO QUER DOMAR AS PESSOAS,
DOMESTICAR AS MASSAS E FAZER QUE SIGAM AS REGRAS.
MAS IDEIAS NOVAS NUNCA SÃO DESCOBERTAS ATRÁS
DAS BARRAS DE FERRO DE UM ZOOLÓGICO.

Jesus, em sua amizade com os discípulos, não lhes dizia meramente *o que* pensar; ele, em suas conversas e interações, os ensinou *como* pensar. Ele não lhes deu um trabalho secundário, simplesmente deixando que eles o observassem fazer tudo. Eles tinham permissão de fazer perguntas, tentar fazer o que ele estava fazendo e recebiam retorno de Jesus. Mais do que isso, Jesus lhes disse que fizessem coisas ainda maiores do que ele fazia! Pais e mães verdadeiramente comprometidos com o Reino desejam que seus filhos e filhas os sigam e os ultrapassem.

Viver pela recompensa

Nunca desenvolveremos grandeza nas pessoas se não promovermos uma cultura de recompensa. Gostaria de propor que nenhum feito grandioso foi realizado sem (pelo menos em parte) a promessa da recompensa. Por exemplo, Davi matou Golias para que pudesse casar com a filha do rei (v. 1Samuel 17.25). Os israelitas deixaram o Egito para obter a terra prometida (v. Êxodo 3.8,17). O próprio Jesus alcançou sua maior vitória por causa da recompensa:

Na terra dos gigantes • **145**

"Ele, pela alegria que lhe fora proposta, suportou a cruz" (Hebreus 12.2). Os livros de história estão repletos de relatos de pessoas retas que realizaram feitos grandiosos *por causa da recompensa.*

NUNCA DESENVOLVEREMOS GRANDEZA NAS PESSOAS SE NÃO PROMOVERMOS UMA CULTURA DE RECOMPESA.

Entretanto, recompensa passou a ser uma palavra suja em muitos círculos religiosos. Alguns consideram não espiritual até mesmo pensar em recompensar as pessoas por seus esforços. Se você fosse carpinteiro, mecânico ou tivesse qualquer outra profissão, nunca passaria pela sua cabeça fazer seu serviço e deixar seu patrão decidir pagar ou não depois que tivesse terminado o trabalho. Entretanto, se você é um conferencista em alguns círculos religiosos, é melhor não demonstrar que se importa com o valor da sua oferta. Se solicitar determinada quantia por sessão para falar em conferências, provavelmente será taxado de materialista. Não se preocupe, nunca peço uma oferta quando falo, e sou bem tratado.

Também não estou defendendo que deveríamos trabalhar por dinheiro em vez de para Deus. Mas estou dizendo que Deus quer que sejamos motivados pela recompensa ao trabalharmos para ele, assim como para nossos empregadores. O fato de nos debatermos sobre assuntos como pagar um salário a líderes espirituais por seu trabalho mostra que não entendemos realmente a economia celestial de Deus. É uma atitude espiritual esperar que Deus nos recompense por nossos esforços. Jesus disse: "[...] o trabalhador merece o seu salário" (Lucas 10.7). O último capítulo da Bíblia Sagrada diz: "Eis que venho em breve! A minha *recompensa* está comigo, e eu retribuirei a cada um de acordo com

146 • CHUVA ABUNDANTE

o que fez" (Apocalipse 22.12, grifo nosso). As parábolas dos dez talentos, das dez minas e do semeador são todas sobre trabalhar por uma recompensa.

A recompensa é a motivação da nossa *fé*. O escritor de Hebreus diz: "Sem fé é impossível agradar a Deus, pois quem dele se aproxima precisa crer que ele existe e que recompensa aqueles que o buscam" (Hebreus 11.6). As pessoas que defendem que os cristãos não se deveriam importar com recompensa agem como se estivessem dizendo que não deveriam crer em Deus. Simplesmente não podemos agradar a Deus, a menos que esperemos que ele nos recompense.

Uma das principais formas de criar uma cultura de recompensa é celebrando as realizações das pessoas. Por isso, não surpreende que quem resiste à ideia de recompensa também resiste a elogios, louvores ou reconhecimento de seus feitos. Em alguns meios, celebrar o esforço das pessoas é visto como não espiritual, promoção pessoal ou arrogância. Muitas pessoas de fato creem que reconhecer o sucesso de alguém rouba a glória de Deus. Mas não foi Deus quem nos criou e deu a cada um de nós dons e habilidades especiais? Torcermos por nossos filhos quando eles estão jogando. Nunca pensamos: "Eles estão roubando minha glória". Na verdade, quando um dos meus filhos faz alguma coisa incrível no gramado, eu me viro para os outros pais e digo: "De quem ele é filho?". Todo mundo ri e diz: "Sabemos que ele é seu filho!".

QUANDO IMITAMOS DEUS,
ESTAMOS SENDO NÓS MESMOS.

A verdade é que, quando fazemos algo incrível na terra, Deus é quem grita mais alto na arquibancada da vida, torcendo por nós, dizendo coisas como: "*De quem* ele é filho? Aquela criança puxou o Pai! Aquela menina é surpreendente!". As maiores façanhas dos filhos e filhas de Deus na verdade glorificam o Pai! É por isso que Paulo escreveu: "[...] sejam imitadores de Deus, como filhos amados" (Efésios 5.1). Quando imitamos Deus, estamos sendo nós mesmos. Fomos criados a sua imagem e recebemos a ordem de nos tornarmos como Cristo. Portanto, não há nada nobre demais para alcançar, incrível demais para crer, poderoso demais para esperar ou excelente demais para viver... pois somos filhos do *Rei!*

Assassinos em série

O ciúme é o adversário maligno da grandeza. Começa como um pecado egoísta, mas, como um vigia que deliberadamente abre os portões reais permitindo a entrada de um inimigo cruel, o ciúme é como um assassino em série! O apóstolo Tiago nos adverte de que o que se inicia como batalha no coração dá lugar, por fim, a espíritos malignos que causam destruição no âmago do nosso ser: "Contudo, se vocês abrigam no coração inveja amarga e ambição egoísta, não se gloriem disso, nem neguem a verdade. Esse tipo de 'sabedoria' não vem dos céus, mas é *terrena; não é espiritual*, mas é *demoníaca. Pois onde há inveja e ambição egoísta, aí há confusão e toda espécie de males*" (Tiago 3.14-16, grifo nosso).

O relato do retorno de Saul e Davi da mais famosa batalha da história judaica ilustra muito bem o que estou dizendo:

> Quando os soldados voltavam para casa, depois que Davi matou o filisteu, as mulheres saíram de todas as cidades de Israel ao encontro do rei Saul com cânticos e danças, com tamborins, com músicas alegres e

148 • Chuva Abundante

instrumentos de três cordas. As mulheres dançavam e cantavam: "Saul matou milhares, e Davi, dezenas de milhares". Saul ficou muito irritado com esse refrão e, aborrecido, disse: "Atribuíram a Davi dezenas de milhares, mas a mim apenas milhares. O que mais lhe falta senão o reino?" *Daí em diante Saul olhava com inveja para Davi.* No dia seguinte, *um espírito maligno mandado por Deus apoderou-se de Saul* e ele entrou em transe em sua casa, enquanto Davi tocava harpa, como costumava fazer. Saul estava com uma lança na mão e a atirou, dizendo: "Encravarei Davi na parede". Mas Davi desviou-se duas vezes. Saul tinha medo de Davi porque o Senhor o havia abandonado e agora estava com Davi (1Samuel 18.6-12, grifo nosso)

Davi deveria ser como um filho para Saul e acabara de matar Golias, eliminando a maior ameaça da história de Israel. Era a presença de gigantes que mantinha mais de 1 milhão de pessoas fora da terra da promessa de Deus. Mas, em vez de o rei Saul se comportar como um pai e celebrar a vitória de seu filho, ele teve ciúmes e desconfiança de Davi. Essa atitude criou um eixo de maldade no interior de sua alma, atraindo espíritos malignos de insanidade e assassinato que atormentavam Saul para que tentasse destruir Davi.

Esse padrão se repete muitas vezes na Bíblia. Por exemplo, Caim, que assassinou seu irmão Abel porque tinha ciúmes do relacionamento de Abel com Deus (v. Gênesis 4). José, o sonhador, cujos irmãos o odiavam por causa de suas grandiosas visões e do favor de seu pai. O ciúme por fim os levou a vender José como escravo (v. Gênesis 37). E quem poderia esquecer os discípulos de Jesus, cuja inveja uns dos outros os mantinha em perpétuo estado de competição (v. Marcos 10.35-41; Lucas 9.46)?

A síndrome *tall poppy* é fruto de líderes que reagem a essas rivalidades entre irmãos, mudando a estrutura para eliminar o ciúme em vez de lidar com as questões do coração. É interessante observar que Jesus promovia uma cultura que encorajava potencialmente o ciúme, favorecendo uns poucos discípulos. Por exemplo, ele levou somente Pedro, Tiago e João para o monte da Transfiguração (v. Marcos 9.1-4). Quando ressuscitou dentre os mortos a filha do dirigente da sinagoga, ele colocou todos para fora do quarto, exceto esses três sujeitos (v. Marcos 5.37). Quando Jesus estava angustiado antes da crucificação, chamou apenas Pedro, Tiago e João para orarem com ele no jardim de Getsêmani. Embora *todos* os discípulos brigassem entre si por proeminência, Jesus não dissipou o ciúme que sentiam uns dos outros, mas continuou a favorecer os mesmos três rapazes. Em outras palavras, Jesus recusou-se a mudar as circunstâncias para lidar com os problemas de caráter deles. Sua prescrição para o ciúme era simples: humilhem-se e sejam como crianças (v. Mateus 18.1-4).

PRECISAMOS ENTENDER QUE AS CIRCUNSTÂNCIAS
NUNCA SÃO A *CAUSA* DOS PROBLEMAS DO CORAÇÃO;
APENAS REVELAM ESSES PROBLEMAS.

Precisamos entender que as circunstâncias nunca são a *causa* dos problemas do coração; apenas revelam esses problemas. Quando os líderes ajustam as circunstâncias das pessoas para acomodar seus pecados, tornam-se "mantedores da paz" (não confunda com pacificadores) que preferem silenciar a reclamação das pessoas a permitir que a prova severa do que está acontecendo purifique o coração. Mas em um canto escuro do santuário da alma rasteja despercebida a diabólica forma do mal, até que um dia o coração é atacado, causando dano irreversível ou mesmo a morte.

150 • Chuva Abundante

Portanto, sempre que deixamos o pecado (ciúmes é pecado) ditar nossas escolhas, já reduzimos o impacto do nosso ministério ao padrão do imaturo com voz mais alta no recinto. Essa atitude acaba por sabotar o destino que Deus tem para nós.

> Sempre que deixamos o pecado (ciúmes é pecado) ditar nossas escolhas, já reduzimos o impacto do nosso ministério ao padrão do imaturo com voz mais alta no recinto.

O pastor Cleddie Keith diz: "Se você tem ciúmes de alguém, invista nessa pessoa e, então, a vitória dela será a sua vitória". É essencial que os líderes criem uma cultura de recompensa em que filhos e filhas reconheçam que as vitórias são sempre familiares, gerando um tipo de amplificação sinérgica que no final beneficia a todos.

Quem seguirá o coração do Rei?

Celebrar, em vez de competir com as vitórias dos outros, cria uma mentalidade de "equipe em primeiro lugar". Trabalho de equipe é resultado de cada um se apropriar da missão compartilhada. John Maxwell, que escreveu muitos livros sobre liderança, uma vez disse: "As pessoas apoiam o que elas ajudaram a criar". O objetivo de todo grande líder deve ser transferir a posse da missão à equipe, o rebanho ou os funcionários. Quando as pessoas se apossam do chamado coletivo, precisam de pouca supervisão, pois a alma está tomada pelo coração do Rei.

Esse princípio é visto claramente na história do rei Robert Bruce e seus corajosos soldados. Embora o filme *Coração valente* descreva William Wallace como o herói da Escócia, o herói verdadeiro era Robert Bruce. Wallace venceu muitas batalhas contra os ingleses, mas foi o rei Robert quem, por fim, libertou sua nação da tirania dos britânicos. A historiadora Henrietta (H. E.) Marshall conta a história assim:

> O rei Robert Bruce não viveu o suficiente para desfrutar da paz que finalmente chegou àquela terra. Ele não era um homem idoso, mas sua vida fora tão difícil que parecia mais velho do que era. O rei ficou tão doente que sabia que não poderia viver muito.
>
> Quando sentiu que estava morrendo, chamou todos os nobres e sábios. Eles se reuniram em volta do rei, e Bruce lhes disse que logo morreria e ordenou que honrassem seu filhinho David como rei.
>
> Com lágrimas de tristeza, os nobres prometeram fazer o que o rei pedia.
>
> Bruce então se voltou para o bom lorde James. Disse: "Meu melhor amigo, você sabe quanto tive de lutar por meu reino. Na época em que estava mais pressionado, fiz um voto de que, quando Deus me desse paz, iria à terra santa lutar pelo sepulcro de Cristo. Mas, agora que tenho paz, meu corpo está débil e não posso cumprir o desejo do meu coração. Entretanto, mandaria meu coração de bom grado para onde meu corpo não pode ir. Não há cavaleiro tão corajoso quanto você, meu amigo querido e especial. Portanto, rogo que, quando estiver morto, você tire o meu coração, leve-o à terra santa e lá o enterre".
>
> A princípio Douglas não conseguia falar em razão das lágrimas. Depois de alguns minutos, ele disse:
>
> — Corajoso e nobre rei, agradeço muitíssimo a honra que me concedes. Tua ordem será cumprida.

— Querido amigo, obrigado. Você me dá sua palavra? — perguntou Bruce.

— De todo o coração. Juro por meu título de nobreza.

— Graças a Deus. Agora vou morrer em paz, pois sei que o cavaleiro mais corajoso de todo o reino fará por mim o que não posso fazer — disse o rei, reclinando-se satisfeito.

Não muitos dias depois, o grande rei morreu. Em toda a terra se ouviu um grito de lamentação e dor. Com lágrimas e soluços, ao som de músicas tristes e pranto, o povo seguiu seu rei a seu último lugar de descanso na Abadia de Dunfermline. [...] Envolvido em uma túnica dourada, o grande rei foi colocado em seu descanso, e uma bela tumba de mármore branco foi erguida sobre sua sepultura. Há muito tempo a tumba já desapareceu, mas o lugar onde foi colocado Robert Bruce ainda está indicado na Abadia de Dunfermline.

Fiel a sua promessa, Douglas ordenou que o coração de Bruce fosse retirado do corpo dele depois que o rei morrera. Em seguida, o coração foi embalsamado. Ou seja, foi preparado com especiarias aromáticas e outros ingredientes para impedir a decomposição. Douglas confinou o coração a uma bela caixa laqueada de prata, que pendurou ao redor do pescoço com uma corrente de seda e ouro. Então, com uma companhia de cavaleiros e escudeiros, navegou para a Palestina.

No caminho passaram pela Espanha. Lá, ficou sabendo que o rei da Espanha estava lutando contra os sarracenos. Os sarracenos eram o povo que tinha a posse da Palestina. Eram cruéis com os cristãos e insultavam sua religião.

Assim, Douglas pensou que seria correto ajudar o rei da Espanha antes de seguir para a terra santa.

Os exércitos se encontraram, e houve uma grande batalha. Os escoceses atacaram com tanta fúria que os sarracenos fugiram de diante deles. Mas, pensando que os espanhóis estavam vindo para ajudá-los, os escoceses perseguiram longe demais o inimigo em fuga. Tarde demais, Douglas descobriu que ele e seu pequeno grupo ficaram isolados de seus amigos e estavam inteiramente cercados pelas faces ferozes e escuras do inimigo.

Não havia saída. Tudo o que podiam fazer era morrer lutando. No calor da batalha, Douglas pegou do pescoço a caixa de prata com o coração do rei Robert e a lançou, dizendo: "Oh, coração valente, como tu sempre foste, Douglas te seguirá ou morrerá". Então, lançando-se após ele, lutou bravamente, até que caiu, perfurado por muitos golpes. Ao seu redor caiu a maior parte da valorosa companhia de nobres que navegava com ele.

Quando a batalha terminou, os poucos que restaram procuraram por seu líder. Eles o encontraram morto sobre o coração de Bruce.[2]

Quando entregamos nossa vida pelo coração do Rei, capturamos sua paixão e encontramos nosso propósito divino. A verdadeira grandeza só é encontrada quando morremos para a ambição egoísta, o ciúme, a inveja e a disputa e acolhemos a nobre cultura que protege o coração do Rei.

---

[2] MARSHALL, Henrietta Elizabeth. Scotland's Story: A History of Scotland for Boys and Girls. London: Thomas Nelson and Sons Ltd., 1977. p. 185-187.

CAPÍTULO 6

Ferro com ferro se afia

Quase todos os homens podem suportar a adversidade,
Mas, se quiser testar o caráter de um homem, dê-lhe poder.
ABRAHAM LINCOLN

Uma cultura emancipadora confronta as pessoas

Se quisermos ver pessoas famosas surgirem no Corpo de Cristo, então é imperativo que desenvolvamos uma cultura emancipadora. Mas precisamos compreender que emancipar as pessoas significa dar oportunidade de crescimento e expressão para suas tendências latentes, sejam elas boas ou más. E, a menos que tenhamos como confrontar o lado ruim quando este for exposto, daremos espaço a um tipo de câncer espiritual no Corpo. As células cancerosas são as células de crescimento mais rápido no corpo, mas vivem uma existência egocêntrica, crescem à custa de tudo o mais e acabam destruindo sua própria fonte de vida. Semelhantemente, pessoas que permitem que a ambição egoísta dite suas prioridades, em vez de viverem para o benefício de toda a família, transformam-se em um câncer para o Corpo de Cristo.

É importante entendermos que certos elementos culturais na verdade facilitam e encorajam essa dinâmica social e espiritual doentia.

Vivi essa experiência em primeira mão anos atrás quando me pediram para ajudar a resolver um conflito entre dois líderes. Um dos líderes era um jovem que passara muitos anos servindo ao líder mais velho, em uma igreja cheia de vida, com a promessa de ser seu sucessor em determinado momento. Quando o momento chegou e passou sem sinal algum de que o bastão seria passado, o líder mais jovem começou a ficar impaciente. Depois de diversas conversas em que o líder mais velho sentiu que estava sendo "empurrado para fora", ficou evidente que ele mudara de ideia e decidira não deixar o posto. Com o tempo, o pastor assistente pediu sua exoneração, a fim de estabelecer sua própria igreja. O líder concordou, fez uma festa de despedida, separou uma oferta para o novo trabalho e encorajou publicamente a congregação para ir com ele.

Entretanto, poucos meses depois, o pastor mais velho descobriu que eu estava ajudando esse irmão a iniciar sua igreja e ficou furioso! Ele me chamou e perguntou como é que eu estava apoiando uma divisão da igreja! Quando contei os fatos a ele, como os entendera, ele reconheceu que a história era verdadeira, mas disse que seu antigo pastor assistente (que ele instruíra por quase duas décadas) era um "Absalão". Quando desliguei o telefone, estava completamente confuso. Esse líder mais velho dera uma oferta ao mais jovem, orara publicamente por ele e assim por diante, mas, depois que ele partiu, decidira que era um Absalão. Eu iria conversar com esses dois líderes de novo no dia seguinte, portanto decidi perguntar ao Senhor o que fazer.

É PRECISO UM DAVI PARA GERAR UM ABSALÃO!

---

156 · CHUVA ABUNDANTE

Imediatamente, o Senhor disse: "É preciso um Davi para gerar um Absalão!". Uau! Fiquei em estado de choque. Davi era um homem segundo o coração de Deus (v. Atos 13.22). "Como Davi poderia ajudar a criar um Absalão?", perguntei. O Senhor me levou a examinar os livros de Samuel a fim de compreender essa dinâmica de liderança prejudicial.

Um líder disfuncional segundo o coração de Deus

Davi teve seis filhos com seis esposas diferentes (v. 2Samuel 3.2-5). Ainoã, esposa de Davi, era mãe de Amnom, o primeiro filho de Davi. Amnom se apaixonou pela irmã de Absalão, Tamar, filha de Maaca, outra esposa de Davi. Quando o assédio de Amnom a Tamar começou a ficar agressivo, ela o repeliu. Mas ele estava tão obcecado pela beleza dela que a estuprou violentamente (v. 2Samuel 13.1-19).

Quando o rei Davi soube que sua filha fora estuprada, ficou enfurecido, mas não fez nada a respeito, o que se tornou um padrão por toda a sua vida. Quando Absalão, o irmão de Tamar, tomou conhecimento do fato, ele a levou para a casa dele, onde ela permaneceu até o dia de sua morte. O nome de Absalão significa "meu pai é minha paz" e, como seu nome sugere, ele era um pacificador, o tipo de pessoa que precisa que alguém faça justiça aos erros para que possa haver paz. A cada dia que passava, sem que houvesse uma solução, a ira de Absalão crescia, até que secretamente arquitetou um plano para matar Amnom.

Depois de assassinar Amnom, Absalão fugiu do país para salvar a própria vida. Ele viveu no exílio por vários anos, mas ansiava por seu pai. Por meio de uma série de circunstâncias complexas, conseguiu voltar para o palácio do pai. Mas, embora Amnom estivesse morto, Absalão nunca perdoou o pai por não tê-lo confrontado sobre o estupro de Tamar. A amargura cresceu nele até que tomou

Ferro com ferro se afia • **157**

sua alma. A vingança o levou a ficar junto ao caminho que levava à porta da cidade por quatro anos, dizendo às pessoas que traziam suas causas ao rei que elas não teriam justiça, a não ser que ele se tornasse rei (v. 2Samuel 15.7). Por fim, Absalão acabou convencendo os israelitas de que ele era o líder correto que lhes faria justiça. As técnicas de autopromoção de Absalão acabaram ganhando o coração da nação.

Você consegue imaginar um de seus filhos questionando-o por quatro anos em sua própria casa e você nunca dizer nada a ele? Nem mesmo um simples "Ei, ouvi dizer que você talvez tenha uma... uh... pequena divergência comigo sobre alguma coisa"? Mas foi exatamente isso que Davi não fez! E a coisa não parou por aí; ficou pior ainda. Absalão finalmente reuniu apoio suficiente para proclamar-se rei de Israel. Agora seu pai o confrontaria, você não acha? *Não!* Em vez disso, Davi fugiu do país para o exílio, ordenando que seus soldados não ferissem Absalão.

Enquanto isso, de volta ao trono, em vez de fazer o discurso de posse costumeiro, Absalão armou uma tenda no terraço do palácio e manteve relações sexuais com as concubinas do pai à vista de todo o Israel (v. 2Samuel 16.22)! Você deve estar se perguntando: "Afinal, o que esse cara estava fazendo?". Vou dizer o que ele estava fazendo. Estava se vingando de Davi por ele não ter resgatado Tamar de Amnom, estuprando suas mulheres. Estava mandando uma mensagem bem clara para o pai: "Como você se sente quando alguém violenta as mulheres com quem se importa e você não pode ajudá-las?".

Absalão estava tão obcecado com o estupro da irmã que até mesmo chamou sua única filha de Tamar em homenagem a ela. Em outras palavras, injustiça não confrontada gera mais injustiça, gerando por fim um legado de escravidão por meio de uma mentalidade de desesperança.

O que temem os matadores de gigantes?

Absalão não foi o único fracasso do rei Davi. Davi nunca confrontou nenhum de seus filhos, o que resultou em dois deles usurpando o trono e um estuprando sua filha. Na verdade, a disfunção do rei foi muito além dos limites da família. Por exemplo, Joabe, o comandante dos exércitos de Davi e chefe dos homens valentes, assassinou um dos melhores generais de Israel (v. 2Samuel 3.27). Mas Joabe teve permissão de continuar no posto e nunca foi julgado pelo rei. Quando Salomão se tornou rei, Davi lhe deu uma lista de todas as pessoas que ele não teve coragem de confrontar quando estava no poder e ordenou que o jovem rei limpasse sua lambança.

A vida privada do homem segundo o coração de Deus era uma novela lamentável. Mas a questão é: o que fez um valente homem de Deus matar gigantes e, mesmo assim, não confrontar seus próprios homens? Por que um homem teria coragem de matar com as próprias mãos animais selvagens que atacaram suas ovelhas e enfrentar um gigante de 2,90 metros com uma funda e algumas pedras, mas não disciplinar os próprios filhos durante toda a vida?

> A VIDA PRIVADA DO HOMEM
> SEGUNDO O CORAÇÃO DE DEUS
> ERA UMA NOVELA LAMENTÁVEL.

A resposta está nos anos da formação de Davi, quando era um jovem soldado servindo a um rei insano. O rei Saul tirou Davi de uma família simples de camponeses, levou-o para o palácio real e o criou com seu filho Jônatas. Mas Saul ficou com ciúmes do filho adotado e passou catorze anos tentando matá-lo. Assim como muitos líderes, Davi reagiu à autoridade abusiva de Saul sobre ele e fez o oposto com seus filhos e soldados, criando uma cultura em que as pessoas tinham autonomia, mas raramente eram confrontadas.

Quando filhos se tornam inimigos

Depois de estudar a vida de Davi, comecei a entender o componente prejudicial no relacionamento entre os dois meus dois amigos pastores. Como Davi, muitos líderes odeiam confrontos. Sabem como lidar com inimigos, mas não têm a habilidade de disciplinar seus próprios filhos. Com frequência, essa atitude resulta em líderes, ou pais, passivos *até* que sua ira finalmente sobrepuja o medo do conflito. Quando o líder não aguenta mais, geralmente muda o nome do infrator para o nome de um inimigo (Jezabel, Judas e Absalão são os mais comuns) e então leva as armas de guerra para uma questão familiar. É claro que isso nunca resulta em reconciliação, porque o objetivo desse tipo de conflito é destruir o inimigo e proteger o rebanho dos lobos. Quando o "confronto" não tem bom resultado, serve para comprovar que falar com as pessoas sobre seus "problemas" leva à destruição do relacionamento. Isso faz que o líder evite ainda mais os confrontos, o que resulta em mais injustiça e, por fim, cria um ambiente tão disfuncional quanto à família do rei Davi.

Ao investigar a dinâmica relacional entre os dois pastores, meus amigos, descobri que esse mesmo padrão davídico estava presente entre eles desde o início do relacionamento. O jovem tinha uma personalidade forte, mas geralmente lhe faltavam limites e habilidades de comunicação. O líder mais velho odiava conflitos. Era uma boa paz (novamente, não confunda com pacificador) e queria harmonia a qualquer preço. Mas as pessoas só conseguem reprimir os sentimentos por algum tempo, até que comecem a corroer de dentro para fora. O líder mais velho acabou acumulando um arquivo tão grosso que já não cabia nas gavetas do coração.

Quando meu amigo foi enviado para fundar sua igreja, a distância geográfica entre eles gerou um senso de segurança que levou o líder mais velho a finalmente expressar que, por vinte anos, se sentira desonrado, receoso, controlado e pisoteado pelo outro. Mas o líder assistente não tinha ideia de como estava afetando o ambiente, pois raramente recebia retorno que não fosse pronunciado com raiva. Quando o líder estava bravo com ele, ele descartava o conselho recebido em vez de assimilá-lo. Consequentemente, cresceu muito pouco nas áreas que irritavam seu mentor. O pastor ancião, por fim, concluiu que esse jovem era um inimigo, pois somente inimigos "tentam ferir as pessoas". Portanto, o título de Absalão lhe caía bem.

Jesus, passivo?

Os líderes cristãos tendem a espiritualizar suas disfunções usando textos das Escrituras que são irrelevantes, pelo contexto, para o problema central do coração. Pessoas que temem confrontos, por exemplo, com frequência citam versículos sobre dar a outra face ou amar nossos inimigos (v. Mateus 5.39,44). Mas não estamos falando de inimigos aqui. Estamos falando sobre família, amigos e membros da equipe. E não podemos ignorar os muitos versículos das Escrituras sobre viver uma vida de confronto. Por exemplo, Provérbios diz: "Assim como o ferro afia o ferro, o homem afia o seu companheiro" (Provérbios 27.17) e "Quem fere por amor mostra lealdade, mas o inimigo multiplica beijos" (Provérbios 27.6).

LÍDERES CRISTÃOS TENDEM A ESPIRITUALIZAR
SUAS DISFUNÇÕES.

Algumas pessoas pensam que Jesus era passivo, mas nada poderia estar mais distante da verdade. Suas palavras e atitudes foram as mais confrontadoras da Bíblia. Vamos analisar o modo pelo qual

Jesus lidava com alguns grupos diferentes de pessoas. Essa é a resposta aos discípulos que não tiveram fé para expulsar um demônio de uma criança:

> Um homem, no meio da multidão, respondeu: "Mestre, eu te trouxe o meu filho, que está com um espírito que o impede de falar. Onde quer que o apanhe, joga-o no chão. Ele espuma pela boca, range os dentes e fica rígido. Pedi aos teus discípulos que expulsassem o espírito, mas eles não conseguiram". Respondeu Jesus: "Ó geração incrédula, até quando estarei com vocês? *Até quando terei que suportá-los?* Tragam-me o menino" (Marcos 9.17-19, grifo nosso).

Confira este aqui! Jesus se ofendeu com alguns negociantes que estavam vendendo coisas no templo, por isso expulsou-os usando um chicote. Você acha que ele realmente atingiu alguém? Uau!

> Quando já estava chegando a Páscoa judaica, Jesus subiu a Jerusalém. No pátio do templo viu alguns vendendo bois, ovelhas e pombas, e outros assentados diante de mesas, trocando dinheiro. Então ele fez um chicote de cordas e expulsou todos do templo, bem como as ovelhas e os bois; espalhou as moedas dos cambistas e virou as suas mesas. Aos que vendiam pombas disse: "Tirem estas coisas daqui! Parem de fazer da casa de meu Pai um mercado!" (João 2.13-16).

O alvo, porém, preferido dos confrontos de Jesus eram os líderes religiosos daqueles dias. Ele não tinha muita paciência com seu estilo de ministério hipócrita e egocêntrico:

"Ai de vocês, mestres da lei e fariseus, hipócritas! Vocês limpam o exterior do copo e do prato, mas por dentro eles estão cheios de ganância e cobiça. Fariseu cego! Limpe primeiro o interior do copo e do prato, para que o exterior também fique limpo. Ai de vocês, mestres da lei e fariseus, hipócritas! Vocês são como sepulcros caiados: bonitos por fora, mas por dentro estão cheios de ossos e de todo tipo de imundície. Assim são vocês: por fora parecem justos ao povo, mas por dentro estão cheios de hipocrisia e maldade" (Mateus 23.25-28).

Presumo que Jesus não tinha problema algum em falar o que pensava às pessoas. As pessoas sempre sabiam qual era a posição dele.

A arte do confronto

É claro que, quando Jesus andou na terra, tinha algumas vantagens sobre nós. Coisas pequenas, como, por exemplo, ele nunca pecava, por isso nunca precisava se preocupar em apontar hipocritamente os erros dos outros e negligenciar os seus. Ele também era Deus e conhecia o coração dos homens; portanto, sua avaliação dos motivos das pessoas sempre estava correta. Sem dúvida, essas vantagens lhe conferiam confiança e graça quando se tratava de confrontar alguém; ele não era nem tímido nem excessivamente duro.

Nós, por outro lado, precisamos ouvir: "Irmãos, se alguém for surpreendido em algum pecado, vocês, que são espirituais, deverão restaurá-lo com mansidão. Cuide-se, porém, cada um para que também não seja tentado" (Gálatas 6.1). De acordo com esse padrão, o confronto nunca deve envolver gritar com alguém, acusando-o de maldade, descarregando frustrações ou punindo a pessoa por ter falhado com você ou o ferido. Precisamos ter cuidado especial para não julgar os motivos dos outros. Na minha experiência, nosso assim chamado "dom de discernimento", com frequência, acaba sendo *suspeita* disfarçada, principalmente quando estamos aborrecidos com alguém.

Com o passar dos anos, aprendi estes nove princípios para praticar a arte do confronto saudável:

1. Quando surgir um problema, marque uma hora para falar com a pessoa o mais rápido possível. Esperar muito permite que a semente da amargura germine. Não espere pela raiva para ser sua conselheira. Lembre-se de que não se trata de punir a pessoa por seu comportamento inapropriado. Você está se encontrando com a pessoa para benefício dela. O objetivo é ajudar a moldar a pessoa à imagem de Deus e restaurar o relacionamento.

2. Conte à pessoa quanto o comportamento dela afeta você. Descreva em detalhes como as atitudes dela fazem você se *sentir*.

3. Mantenha a guarda baixa, sendo transparente sobre suas próprias lutas. Quando a pessoa estiver respondendo, *ouça com o coração*. Muitas pessoas não são boas em articular suas lutas, por isso, muitas vezes, é preciso ouvir além das palavras. Quando a pessoa estiver falando, não amadureça suas defesas nem transforme a conversa em uma guerra de palavras. Faça perguntas que exponham a raiz do problema. O que realmente está errado? Que tipo de problema central causaria esse tipo de sintomas?

4. Sempre conceda o benefício da dúvida à pessoa, não importa como ela tenha se comportado. Lembre-se de que a pessoa com quem está enfrentando dificuldades foi criada à imagem de Deus e, portanto, provavelmente tem um bom coração, embora seu comportamento esteja afetando

negativamente o ambiente. Nunca pense na pessoa como inimiga, mas, sim, como um filho voluntarioso ou uma filha voluntariosa (ou um pai ou uma mãe). Demonstre honra em todo o tempo. Deixe a pessoa perceber que você acredita nela. Lembre-se: só influenciamos as pessoas até o ponto em que elas nos valorizam.

5. Pergunte à pessoa como você pode ser parte da solução. Nesse ponto, você pode ter descoberto que na verdade é parte do problema. Talvez, nessa situação, você seja o rei Davi. O seu medo, fraqueza ou disfunção se transformou em um solo fértil para que a resistência da pessoa fosse exageradamente enfatizada, ou para que a sua fraqueza fosse exposta? Você reagiu ao modo com que foi criado ou a alguma circunstância negativa na sua própria vida?

6. Se outras pessoas não são parte do problema ou da solução, não é da conta delas. Não fale aos outros sobre seu problema com essa pessoa. Não crie um caso contra a pessoa citando o nome de outros na conversa, dizendo coisas do tipo: "Falei com John e Mary, e eles têm o mesmo problema com você". Isso só faz você parecer covarde e fofoqueiro. Se agir assim, não se surpreenda se a pessoa confrontada pensar que está sendo vítima de um ataque em grupo. Você não está lá para ser advogado de ninguém.

A esse respeito, se alguém vier conversar com você sobre um problema que tem com outra pessoa, recomende que ele converse com a pessoa, não com você. Tenho 357 funcionários que trabalham para mim na Bethel Church. Muitos membros da minha equipe costumavam vir a mim e começar a contar sobre uma luta que estavam enfrentando com outro membro da equipe. Antes que pudessem falar por vinte segundos, eu interrompia e perguntava: "Você já falou com essa pessoa?".

Em dez vezes, nove respostas eram: "Não!".

Então, eu perguntava: "Por que você vem falar comigo se ainda nem falou com a pessoa que o ofendeu?".

É importante lembrar que aquele que fala de outra pessoa a você, um dia estará falando de você a outra pessoa. Permitir que as pessoas reclamem umas das outras cria uma cultura de fofoca. Pessoalmente, não tolero isso na Bethel.

É IMPORTANTE LEMBRAR QUE AQUELE QUE FALA DE OUTRA PESSOA A VOCÊ, UM DIA ESTARÁ FALANDO DE VOCÊ A OUTRA PESSOA.

---

1. Se durante a conversa você perceber que é a causa do problema ou uma parte do dilema, seja rápido em se arrepender. Humildade sempre leva a arrependimento. Não se ofenda; deixe suas armas do lado de fora da porta. Se a outra pessoa estiver errada, perdoe-a verbalmente. O perdão restaura o padrão; por isso, depois de ter se arrependido, a pessoa deve ser tratada como se nunca tivesse pecado.

O PERDÃO RESTAURA O PADRÃO; POR ISSO, DEPOIS DE TER SE ARREPENDIDO, A PESSOA DEVE SER TRATADA COMO SE NUNCA TIVESSE PECADO.

---

2. Se vocês chegarem a um impasse, chamem uma pessoa que *ambos* igualmente respeitem para ajudar a resolver a questão. Trazer alguém que não é respeitado por uma

das partes fará que pareça que o advogado do outro está presente. Mas uma pessoa sábia que não está emocionalmente envolvida no conflito pode trazer uma nova perspectiva, difícil de se ver quando se está no meio do problema, e, geralmente, ajudará a chegar à decisão necessária. Inúmeras vezes, tive problemas com alguém e descobri em uma conversa que eu era o problema. Ter uma terceira parte, respeitável, presente me ajudou a ver a verdade.

3. Por último, mas não menos importante, não se afaste da pessoa depois de um conflito. Faça um esforço extra para permanecer por perto durante o processo de cura. Com frequência, essa é a diferença entre um longo relacionamento saudável e um padrão de conflito por toda a vida.

Vários anos atrás, foi realizado um estudo no mundo dos negócios sobre essa questão do conflito. A pesquisa mostrou que, quando um consumidor tinha um problema com uma empresa e a empresa resolvia o problema satisfatoriamente, o consumidor passava a ser muito mais leal àquela loja nos anos seguintes do que fora antes do conflito.

Creio que conflitos e confrontos resolvidos de acordo com os valores centrais do Reino fortalecem, de fato, os relacionamentos. Essas lutas são sinal de relacionamentos reais em que as pessoas se sentem seguras para dizer a verdade em amor umas às outras. Essa atitude cria sociedades de aliança que se unem ao redor de valores familiares em vez de rivalidades entre irmãos em que órfãos competem por proeminência segundo a ordem de picadas do galinheiro do mundo.

"É preciso todo tipo de pessoas para fazer o mundo girar"

Minha mãe me dizia isso com frequência quando eu era criança. Quanto mais velho ficava, mais percebia que ela estava certa. Há pessoas que pensam como Absalão, preto no branco, que veem o mundo através das lentes da justiça. Veem a vida como uma longa jornada pelo caminho do certo e errado, bom e mau. Se alguém estressado assim testemunha uma injustiça ou é mal tratado de alguma forma, geralmente fica obcecado com a necessidade de resolução. Se a pessoa vive em um ambiente em que o conflito é desprezado ou não é permitido, seu interior tende a desmoronar.

Há um tipo completamente diferente de pessoa que vê o mundo em tons de cinza. Algumas dessas pessoas simplesmente não gostam de conflitos, mas outras não veem sua necessidade. São os doadores de misericórdia do mundo que andam na graça extrema. Não se ofendem facilmente e têm uma grande capacidade de perdoar sem muita conversa. Tais pessoas apenas confiam naturalmente nos outros, concedendo-lhes o benefício da dúvida na maioria das situações.

Quando colocamos juntos esses dois tipos de pessoas extremamente diferentes, podem surgir problemas. Alguns anos atrás, aconselhei um pastor e sua família, e essa dinâmica havia praticamente destruído a família dele. O pastor fora despedido por causa de alguns boatos falsos que estavam circulando na igreja que ele fundara. Ele se recusou a defender-se e à família, crendo que, por fim, a verdade falaria por si mesma. Mas seu filho de 17 anos era um justiceiro. Ele precisava que o pai se colocasse de pé e defendesse a família. Quando o pai se recusou, o rapaz ficou bravo com ele e começou a odiar a congregação e a Igreja em geral.

168 • Chuva Abundante

Esse jovem, que fora um avivado líder do grupo de jovens, tornou-se um filho ressentido e furioso.

Pude ver a raiz do problema em poucos minutos. O sr. Graça estava atrelado ao sr. Justiça em um conflito importante, e cada um deles tinha necessidades diferentes para chegar a uma solução. O dilema foi finalmente resolvido quando sugeri que a família se reunisse com o conselho que exonerara o pastor. Na reunião, o jovem recebeu permissão para falar sobre como a decisão da liderança o afetara e como considerava injusto o tratamento recebido pela família. A família foi pastorear outra igreja, e o filho se tornou pastor dos jovens. Às vezes compartilhar o que está no coração libera-nos da necessidade de estar certo.

Sr. Graça encontra o sr. Justiça

Bill Johnson e eu trabalhamos juntos por mais de três décadas. Ele é o sr. Graça, e eu, o sr. Justiça. Quando temos um conflito com alguém no ministério, Bill quase sempre é o líder da misericórdia. Bill é rápido para perdoar e restaurar as pessoas a seu chamado. Sempre acredita no melhor de todos e raramente diz uma palavra negativa sobre alguém. Eu, o sr. Justiça, sou bem rápido em perdoar, mas demoro muito mais para confiar de novo na pessoa. Bill tem a tendência de confiar nas pessoas até que provem que não são confiáveis. Eu tenho a tendência de não confiar nas pessoas até que conquistem minha confiança. Essa diferença de perspectiva ocasionou alguns desafios interessantes ao longo da vida. Mas a chave do nosso sucesso foi valorizar a opinião do outro e ouvir as perspectivas um do outro. É importante lembrar que só porque alguém aborda um problema de forma diferente não quer dizer que a pessoa esteja errada. Devo muito do meu sucesso pessoal ao dom de misericórdia de Bill. Sempre que tenho um conflito com o padrão de Bill, lembro-me de que seu modo de pensar foi o incentivador do meu ministério. Bill acreditou em mim antes que eu merecesse! Que a misericórdia e a verdade possam se encontrar no palácio da esperança.

QUE A MISERICÓRDIA E A VERDADE POSSAM SE ENCONTRAR NO PALÁCIO DA ESPERANÇA.

CAPÍTULO 7

Visão que conquiste os corações

Se olharmos demais para o passado,

tornamo-nos um monumento em vez de um movimento.

BILL JOHNSON

Imagineers

No dia 15 de dezembro de 1966, Walt Disney morreu, e o mundo perdeu um de seus maiores *imagineers* [engenheiros da imaginação] (palavra criada por Disney para designar sonhadores e visionários). Mas, cinco anos depois de sua morte, o maior de seus sonhos se realizou. Walt Disney imaginara um parque temático tão impressionante que criaria um mundo de fantasia onde as famílias poderiam deixar os problemas para trás.

No dia 1º de outubro de 1971, a Disneyworld foi inaugurada em Orlando, Flórida. O irmão de Walt Disney, Roy, presidiu a cerimônia e cortou a fita. No meio da celebração, uma pessoa foi até ele e disse: "É uma pena que Disney não possa estar aqui para ver isso". "Ele viu tudo isso, e é por isso que você pode ver hoje", respondeu Roy.

O autor de Hebreus concorda com Roy, ao proclamar: "[...] aquilo que se vê não foi feito do que é visível" (Hebreus 11.3).

Visão que conquiste os corações • **171**

Esse versículo fala sobre como Deus cria. Ele foi o *imagineer* original e nos tornamos o que ele *anteviu*. Assim como Deus, nós criamos realidades visíveis por meio da dimensão invisível da imaginação. Na verdade, nunca se viu nada no mundo visível que primeiro não tenha sido criado no mundo invisível da imaginação.

NUNCA SE VIU NADA
NO MUNDO VISÍVEL QUE
PRIMEIRO NÃO TENHA SIDO CRIADO
NO MUNDO INVISÍVEL DA IMAGINAÇÃO.

A experiência de Jacó com as ovelhas pintadas e salpicadas registrada em Gênesis 30 ilustra bem esse princípio. Jacó trabalhou por um longo tempo para o sogro Labão. Após catorze anos turbulentos de desconfiança e desonestidade, Jacó estava pronto para partir. Ele pediu ao sogro que lhe desse o que era seu para que pudesse seguir o próprio caminho. Embora Labão fosse mentiroso e trapaceiro, ele não era bobo. Sabia que Jacó estava adquirindo uma fortuna para ele. Labão disse a Jacó que definisse seu salário e ficasse trabalhando para ele. Mas Jacó sabia que, não importava qual fosse o salário, seu sogro encontraria uma forma de tirar proveito da situação. Ele precisava de um plano infalível para que Labão não pudesse tirar vantagem dele. Finalmente, Jacó teve uma ideia maluca. Disse a Labão que trabalharia por todas as ovelhas e cabras pintadas e salpicadas. Eles firmaram um acordo, e então a história dá uma guinada bizarra:

> Jacó pegou galhos verdes de estoraque, amendoeira e plátano e neles fez listras brancas, descascando-os parcialmente e expondo assim a parte branca interna dos galhos.

Depois fixou os galhos descascados junto aos bebedouros, na frente dos rebanhos, no lugar onde costumavam beber água. Na época do cio, os rebanhos vinham beber e se acasalavam diante dos galhos. E geravam filhotes listrados, salpicados e pintados (Gênesis 30.37-39).

Enquanto ponderava sobre essa passagem estranha, percebi que isso não era uma lição de pecuária! É uma parábola sobre como nós, *ovelhas de Deus*, nos reproduzimos por meio da imaginação. O bebedouro é um lugar de *reflexão*. Representa o lugar em que imaginamos, sonhamos e antevimos o futuro com Deus. À medida que meditamos sobre essas ideias, nosso coração passa a ser um "útero" onde as gestamos como sementes até darmos à luz.

Maria, a mãe de Jesus, viveu esse fenômeno sobrenatural. O dr. Lucas escreve: "Maria, porém, guardava todas essas coisas e sobre elas refletia em seu coração" (Lucas 2.19). Maria meditava sobre a palavra de Deus no coração e deu à luz o Messias. O que ela imaginava se fez carne e habitou entre nós. Em outras palavras, o que ela sentia no coração lhe deu coragem para suportar as dificuldades ao longo do caminho até alcançar seu destino. Como seres humanos, atingimos nosso maior potencial quando exploramos o poder da imaginação para dar à luz as realidades e os propósitos de Deus para nós e para o mundo. Quando sonhamos com Deus, como Maria sonhou, *nós* participamos da criação de obras-primas de *sua* imaginação. Bill Johnson capta muito bem essa realidade sobrenatural em seu livro *Secrets to Imitating God* [Segredos para imitar Deus].

> MARIA MEDITAVA SOBRE A PALAVRA DE DEUS
> NO CORAÇÃO E DEU À LUZ O MESSIAS.

Visão traz propósito à dor

É claro que não estou dizendo que, se você imaginar um elefante cor-de-rosa, dará à luz um. Estou simplesmente tentando mostrar o princípio sobrenatural da visão. O movimento Nova Era tem ensinado isso há anos, o que levou muitos líderes cristãos a pensar que a ideia vem do inferno. Mas a verdade é que tal movimento está roubando o que é nosso, e, ao contestá-lo, perdemos o poder criativo da visualização.

Agora, deixe-me ser um pouco mais pragmático. Esse princípio sobrenatural funciona basicamente assim: quando imaginamos alguma coisa na mente, ocorre um fenômeno no espírito que nos leva a querer ver com os olhos naturais aquilo que sentimos no coração. Michelangelo considerou isso da seguinte forma: "Vi o anjo no mármore e o esculpi para libertá-lo". Com os olhos naturais, ele viu uma rocha, mas com a imaginação viu um anjo aprisionado numa pedra. Essa visão o motivou a esculpir a pedra incansavelmente até que pudesse ver exteriormente o que imaginara em seu interior. Quando as pessoas visualizam algo (principalmente algo vindo de Deus), isso cria um ímpeto sobrenatural para agarrar a visão e vê-la cumprida, construída, fundada, ou seja, realizada.

> MICHELANGELO CONSIDEROU ISSO DA SEGUINTE FORMA:
> "VI O ANJO NO MÁRMORE
> E O ESCULPI PARA LIBERTÁ-LO.

174 • Chuva Abundante

Salomão disse: "Onde não há revelação divina, o povo se desvia [anda sem rumo]; mas como é feliz quem obedece à lei" (Provérbios 29.18). A versão *King James* diz o seguinte: "Onde não há visão, o povo perece, mas quem cumpre a lei é feliz" (tradução livre). Quando as pessoas não têm visão, vivem sem rumo. A motivação da vida delas se resume a evitar a dor e ter prazer. Isso pode parecer uma boa vida, mas é na verdade o caminho para uma existência mundana, tediosa, que acaba minando o plano divino de Deus para nossa vida. Como disse Helen Keller, que era cega: "É terrível ver e não ter visão". Mas, quando as pessoas recebem uma visão, elas "guardam a lei", em outras palavras, refreiam as escolhas para não perder a visão. A visão não apenas enfoca nossas energias, o que nos capacita a dizer não para certas coisas e sim para outras, mas também nos dá a coragem de suportar dificuldades no caminho para chegar ao nosso destino.

Permita-me ilustrar. Uma pessoa acima do peso vai para a academia para entrar em forma. Todavia, na manhã seguinte ao primeiro dia de exercício, está tão dolorida que mal consegue sair da cama. Se a pessoa tem uma visão (consegue se imaginar com um corpo ótimo), essa visão fará que a dor tenha propósito. É a visão que faz uma pessoa refrear a vontade de comer, reorganizar a agenda e desconsiderar o desconforto da dor muscular para alcançar seu objetivo. Por outro lado, é muito difícil emagrecer por odiar ser gordo, pois reagir com uma negativa raramente gera algo positivo.

É MUITO DIFÍCIL EMAGRECER POR ODIAR SER GORDO,
POIS REAGIR COM UMA NEGATIVA
RARAMENTE GERA ALGO POSITIVO.

A visão é um administrador invisível que guia, encoraja e inspira almas fervorosas que aceitam a missão sobrenatural do Mestre de preparar o Planeta para a volta dele. Quando vejo cristãos exercendo enorme domínio próprio, mostrando coragem para superar dificuldades e demonstrando excelência nas tarefas divinas, sei que isso significa que eles entenderam a visão para sua vida.

Recordo-me da velha fábula sobre os três pedreiros que trabalhavam no mesmo longo muro. Uma pessoa se aproximou do primeiro homem colocando os tijolos e perguntou:

— Posso perguntar o que está fazendo?

— Estou empilhando tijolos — falou ríspida e sarcasticamente. — O que parece que estou fazendo?

— O que está fazendo? — perguntou o homem, aproximando-se do segundo pedreiro.

— Estou construindo um muro. É isso que estou fazendo.

Por fim, o observador curioso se aproximou do último pedreiro que trabalhava arduamente, colocando os tijolos com cuidado e velocidade excepcionais.

— Posso interromper você com uma pergunta? O que está fazendo? — inquiriu o homem, admirado.

— Estou construindo uma grande catedral para Deus — respondeu, sem parar de trabalhar.

Qual desses pedreiros você gostaria que trabalhasse na sua obra?

Disciplina fundamentada em visão

Em setembro de 1998, fundamos a Escola Bethel de Ministério Sobrenatural, com 37 alunos. Nos últimos onze anos, a escola cresceu e chegou a mais de 1.300 alunos em tempo integral.

Um dos maiores desafios enfrentados ao longo dos anos é fazer que os alunos se disciplinem para chegar à aula no horário, fazer os trabalhos, pagar a mensalidade e assim por diante, sem criar um ambiente controlador.

Nos primeiros anos da escola, passei muitas horas com minha equipe discutindo sobre diversos métodos para motivar os alunos. Com o passar do tempo, percebemos que, na maioria, essas ideias eram apenas níveis sistemáticos de punição para os que violassem as leis.

Finalmente, encontramos as palavras de Salomão e percebemos que é a visão que faz que as pessoas guardem a lei. Quando as pessoas perdem a visão, não cumprem mais as regras, não limitam suas escolhas, nem disciplinam sua vida. Essa revelação mudou muito a atitude de toda a liderança para com a escola. Agora, quando um aluno age de modo inadequado, simplesmente perguntamos qual é a visão para a vida dele. Dificilmente, eles conseguem traduzir em palavras, porque em algum lugar entre o momento em que decidiram fazer o enorme sacrifício exigido para frequentar nossa escola e o momento em que começaram a se comportar mal perderam a visão, a tela ficou em branco, o disco rígido estragou, e eles pararam de sonhar.

Portanto, nesse momento nosso principal objetivo é ajudá-los a redescobrir, resgatar a visão de sua vida. Geralmente, conseguimos isso simplesmente pedindo que contem como chegaram até a escola. Perguntas como: O que o inspirou em primeiro lugar a vir para esta escola sobrenatural? O que esperava que acontecesse com você quando veio para cá? Compartilhe conosco em forma de imagem como pensava que seria quando se formasse na BSSM (Escola Bethel de Ministério Sobrenatural). Com frequência, eles chegam às lágrimas ao recontar a visão que os motivou a tomar a iniciativa.

Visão que conquiste os corações • **177**

Às vezes a visão preciosa está enterrada tão fundo no solo da decepção, do desânimo ou da desilusão que eles precisam de ajuda para desenterrá-la. É aí que entram os dons do Espírito. Nessas situações, pedimos ao Espírito Santo para nos dar uma palavra profética para o aluno que restaure a visão e o encoraje a superar a dor para obter o prêmio.

Quero deixar claro que acreditamos em disciplina na BSSM (v. Hebreus 12.7-12). Compreendemos muito bem que visão não é a resposta mágica para os problemas de todos. É, entretanto, um princípio poderoso nas mãos do Oleiro.

Comunicando missão e visão

Se quisermos transformar cidades e fazer discípulos de todas as nações, precisamos capturar a visão de Deus para elas. Uma das lutas que enfrentei diversas vezes nessa área é a confusão entre ter uma missão e tomar posse de uma visão. Com frequência, ouço líderes cristãos usando os termos "missão" e "visão" como sinônimos, como se fossem a mesma coisa. Mas não são. A missão é o *porquê*, a razão ou propósito e a motivação do coração por trás do que estamos tentando realizar. Visão significa *como* a missão se apresenta. Não é realmente uma visão, a menos que possamos *vê-la*. Podemos fazer um ótimo trabalho apresentando a missão com eloquência, mas a menos que as pessoas possam *vê-la* com a mente permanecem limitadas na capacidade para ajudar a edificá-la.

Com frequência ouço líderes cristãos usando
os termos "missão" e "visão" como sinônimos,
como se significassem a mesma coisa. Mas não são.

Por exemplo, posso apresentar todos os motivos pelos quais precisamos de um orfanato no Quênia, África. Posso explicar as condições sociais extremamente negativas causadas pela aids naquele país. Posso descrever em detalhes a natureza destrutiva da pobreza que se agiganta sobre aquela nação. Você pode até voar para lá para ajudar a construir a instalação. Mas não podemos construir uma estrutura bem-sucedida sem ver o projeto.

A CAPACIDADE DE UM LÍDER DE ANTEVER UMA MISSÃO E ENTÃO TRANSMITI-LA AOS OUTROS É O QUE SEPARA BONS LÍDERES DE LÍDERES EXCELENTES.

A capacidade de um líder de antever uma missão e então transmiti-la aos outros é o que separa bons líderes de líderes excelentes. Líderes excelentes têm a habilidade única de visualizar os propósitos de Deus no espírito e em seguida transmitir a imagem aos outros. Sabemos que as pessoas receberam a visão, não quando conseguem repeti-la (um papagaio consegue fazer isso), mas quando conseguem vê-la no espírito. É a *visão* que impregna as pessoas com a necessidade de se esforçarem para dar à luz uma *missão*.

É A *VISÃO* QUE IMPREGNA AS PESSOAS COM A NECESSIDADE DE SE ESFORÇAREM PARA DAR À LUZ UMA *MISSÃO*.

Muitas vezes vi como líderes comunicavam apaixonadamente uma missão às pessoas, explicando meticulosamente cada detalhe dos propósitos por trás do plano, mas sem dar uma ideia de como se parecia aos ouvintes. Às vezes uma missão toma o coração das pessoas e as leva a contribuir para um projeto por algum tempo. Entretanto, o auxílio prolongado, disciplinado, geralmente vem de

Visão que conquiste os corações • **179**

pessoas que conseguem antever como a missão se parece, pois a visão gera uma motivação interior. Repetir a missão, fazer pedidos tocantes ou levar as pessoas a se sentirem culpadas por não contribuir nem fazer um sacrifício não é a forma de comunicar uma visão. Embora esses métodos possam gerar alguns frutos de vez em quando, frequentemente estão mais relacionados à manipulação que está enraizada na feitiçaria. Tais motivadores exteriores nunca geram excelência, paixão e iniciativa nas pessoas.

Quanto maior for a missão, mais clara deve ser a visão, pois grandes tarefas geralmente exigem altos níveis de sacrifício e risco para vê-las cumpridas. O nível de sacrifício exigido por uma missão determina a medida de compreensão necessária para que as pessoas a sigam. Quando falta em um líder a habilidade de comunicar uma visão, o sacrifício começa a separar as pessoas que conseguem antever, instintivamente, daquelas que não conseguem.

É por esse motivo que empreendedores imobiliários, por exemplo, gastam milhares de dólares construindo modelos de seus empreendimentos a fim de ajudar os bancos e financiadores a terem uma visão dos projetos. Embora isso aumente os custos do empreendimento, os construtores experientes sabem que investidores nem sempre são os maiores visionários e precisam ser inspirados externamente. Eles sabem que, se conseguirem que de alguma forma os financiadores *vejam* o projeto, terão mais probabilidade de assumir os riscos e financiá-lo.

QUANTO MAIOR FOR A MISSÃO,
MAIS CLARA DEVE SER A VISÃO.

Os líderes precisam investir seus recursos em inspirar fé no povo. É preciso fé para capturar uma missão e uma visão sublimes.

180 • Chuva Abundante

Sem uma missão de Deus, as maiores visões na vida não passam de esforços inúteis de pessoas presunçosas que escalam as altas montanhas do valor humano somente para ver sua paixão perecer no ar rarefeito do louvor humano. Mas, sem visão, as intenções santas de Deus ficam enterradas em espíritos sem corpo, suas palavras nunca se tornam carne e seus propósitos justos permanecem aprisionados na mente pequena daqueles que se recusam a sonhar com o Criador e, em vez disso, enterram seus talentos no solo rochoso do conforto e da complacência. É a missão que inspira zelo e paixão, ao passo que a visão estimula a perseverança e o sacrifício.

Tomando a terra prometida

Há outro elemento da visão que os líderes devem esclarecer bem a fim de inspirar o povo a se sacrificar pela missão. Vemos esse elemento na história de Moisés tentando guiar os israelitas à terra prometida. Moisés precisou descobrir um modo de inspirar ex-escravos a tomarem posse da visão de uma vida melhor do outro lado do rio. Mas a natureza da escravidão faz que as pessoas nunca aprendam a sonhar. A natureza da escravidão produz culturas controladoras que resistem a pensar por si e, assim, criam *zonas sem sonhos.*

A NATUREZA DA ESCRAVIDÃO PRODUZ CULTURAS CONTROLADORAS QUE RESISTEM A PENSAR POR SI E, ASSIM, CRIAM *ZONAS SEM SONHOS.*

A estratégia de Moisés para despertar a imaginação do povo foi semelhante à dos empreendedores imobiliários. Ele sabia que a melhor forma de comunicar uma visão a escravos era estimular seus sentidos com o fruto das promessas. Por isso, enviou espias à terra prometida e ordenou que apresentassem um relato detalhado

Visão que conquiste os corações • **181**

sobre a topografia, os habitantes, a infraestrutura e os produtos da terra. Também os instruiu a fazer o máximo esforço possível para trazer alguns frutos da terra:

Quando Moisés os enviou para observarem Canaã, disse: "Subam pelo Neguebe e prossigam até a região montanhosa. Vejam como é a terra e se o povo que vive lá é forte ou fraco, se são muitos ou poucos; se a terra em que habitam é boa ou ruim; se as cidades em que vivem são cidades sem muros ou fortificadas; se o solo é fértil ou pobre; se existe ali floresta ou não. Sejam corajosos! Tragam alguns frutos da terra". Era a época do início da colheita das uvas. Eles subiram e observaram a terra desde o deserto de Zim até Reobe, na direção de Lebo-Hamate. Subiram do Neguebe e chegaram a Hebrom, onde viviam Aimã, Sesai e Talmai, descendentes de Enaque. (Hebrom havia sido construída sete anos antes de Zoã, no Egito.) Quando chegaram ao vale de Escol, cortaram um ramo do qual pendia um único cacho de uvas. Dois deles carregaram o cacho, pendurado numa vara. Colheram também romãs e figos. Aquele lugar foi chamado vale de Escol por causa do cacho de uvas que os israelitas cortaram ali. Ao fim de quarenta dias eles voltaram da missão de reconhecimento daquela terra. Eles então retornaram a Moisés e a Arão e a toda a comunidade de Israel em Cades, no deserto de Parã, onde prestaram relatório a eles e a toda a comunidade de Israel e lhes mostraram os frutos da terra. E deram o seguinte relatório a Moisés: "Entramos na terra à qual você nos enviou, onde manam leite e mel! Aqui estão alguns frutos dela" (Números 13.17-27).

182 • Chuva Abundante

Quando os espias retornaram, relataram e mostraram os frutos que trouxeram, os israelitas ouviram, viram, sentiram, cheiraram e provaram a visão da terra prometida. Moisés fez tudo o que pôde para estimular os cinco sentidos deles a fim de que pudessem imaginar a terra e dar à luz uma nação. Mas dez espias deixaram o medo ditar seu modo de ver e sabotaram o propósito de Deus no coração das pessoas. Este é o relato:

> Então Calebe fez o povo calar-se perante Moisés e disse: "Subamos e tomemos posse da terra. É certo que venceremos!". Mas os homens que tinham ido com ele disseram: "Não podemos atacar aquele povo; é mais forte do que nós". E espalharam entre os israelitas um relatório negativo acerca daquela terra. Disseram: "A terra para a qual fomos em missão de reconhecimento devora os que nela vivem. Todos os que vimos são de grande estatura. Vimos também os gigantes, os descendentes de Enaque, diante de quem parecíamos gafanhotos, a nós e a eles" (Números 13.30-33).

O povo, entrincheirado em sua mentalidade escrava, acreditou no relatório negativo e começou a falar sobre voltar para o Egito. P. K. Bernard estava certo ao dizer: "Um homem sem visão é um homem sem futuro. Um homem sem futuro sempre voltará ao passado". É impossível que pessoas que insistem em viver "nos bons e velhos tempos" consigam viver "na visão". Simplesmente não entendem que, quando as memórias são maiores do que os sonhos, elas já estão morrendo. Os israelitas nunca compreenderam isso. Vagaram sem rumo no deserto até que por fim pereceram.

Visão que conquiste os corações • **183**

> UM HOMEM SEM VISÃO É UM HOMEM
> SEM FUTURO. UM HOMEM SEM FUTURO
> SEMPRE RETORNARÁ AO PASSADO.

Sua incapacidade de se apropriarem da visão estava enraizada no fracasso em assumir sua identidade como povo da aliança de Deus. Esqueceram os milagres de Deus no deserto e se consideraram como gafanhotos na terra prometida. A baixa autoestima sempre fará a pessoa se sentir como um inseto em uma terra cheia de gigantes apenas esperando para esmagar os sonhos dela.

Diferentemente do resto dos israelitas, Josué e Calebe assumiram a identidade que Deus lhes deu, o que permitiu que a visão de Deus fosse gravada profundamente no coração deles. Mais de quarenta anos se passaram antes que o sonho se realizasse, mas mesmo assim o coração deles ainda ansiava pela terra prometida. Esta é a exortação de Calebe (um dos maiores *imagineers* de Israel) a Josué quando eles finalmente entraram na terra prometida, já homens velhos:

> Os homens de Judá vieram a Josué em Gilgal, e Calebe, filho do quenezeu Jefoné, lhe disse: "Você sabe o que o SENHOR disse a Moisés, homem de Deus, em Cades-Barneia, sobre mim e sobre você. Eu tinha quarenta anos quando Moisés, servo do SENHOR, enviou-me de Cades-Barneia para espionar a terra. Eu lhe dei um relatório digno de confiança, mas os meus irmãos israelitas que foram comigo fizeram o povo desanimar-se de medo. Eu, porém, fui inteiramente fiel ao SENHOR, o meu Deus. Por isso naquele dia Moisés me jurou: 'Certamente a terra em que você pisou será uma

herança perpétua para você e para os seus descendentes, porquanto você foi inteiramente fiel ao Senhor, o meu Deus'. Pois bem, o Senhor manteve-me vivo, como prometeu. E foi há quarenta e cinco anos que ele disse isso a Moisés, quando Israel caminhava pelo deserto. Por isso aqui estou hoje, com oitenta e cinco anos de idade! Ainda estou tão forte como no dia em que Moisés me enviou; tenho agora tanto vigor para ir à guerra como tinha naquela época. Dê-me, pois, a região montanhosa que naquela ocasião o Senhor me prometeu. Na época você ficou sabendo que os enaquins lá viviam com suas cidades grandes e fortificadas; mas, se o Senhor estiver comigo, eu os expulsarei de lá, como ele prometeu". Então Josué abençoou Calebe, filho de Jefoné, e lhe deu Hebrom por herança (Josué 14.6-13).

A questão é: você é um gafanhoto perdido nos campos da vida infestados de espinhos, ou um filho do Rei chamado para destruir as obras do Diabo?

A questão é:
você é um gafanhoto perdido nos campos da vida infestados de espinhos, ou um filho do rei chamado para destruir as obras do Diabo?

Inspirando um movimento

Movimentos sempre são iniciados por sonhadores que primeiro anteveem a vida como deveria ser, não como é. Sonhadores mexem com a imaginação das pessoas, agitam a alma e inspiram

Visão que conquiste os corações • **185**

o coração. George Bernard Shaw[1] expressou a atitude do sonhador, ao dizer: "Você vê as coisas como são e pergunta 'por quê?' Sonho com as coisas como nunca foram e pergunto 'porque não?' ". Sonhadores são os incentivadores da História, os reformadores, aqueles que fazem a História. Se quisermos viver o cumprimento da oração de Jesus, "Venha o teu Reino; seja feita a tua vontade, assim na terra como no céu" (Mateus 6.10), é essencial que comecemos a ver o mundo não como ele é, mas como deveria ser.

Martin Luther King é um dos melhores exemplos de alguém que viu o mundo do modo que Deus planejara e alterou o curso da história dos Estados Unidos. No dia 28 de agosto de 1963, o dr. King comunicou a visão de igualdade de todas as raças para uma geração inteira. Embora tenha proclamado a visão há mais de quarenta e seis anos, ela ainda ecoa na História. Esta é uma parte do discurso intitulado "Eu tenho um sonho":

Meus amigos, eu lhes digo hoje que não vamos nos afogar no vale do desespero.

E por isso, embora enfrentemos as dificuldades de hoje e de amanhã, eu ainda tenho um sonho. É um sonho profundamente enraizado no sonho americano.

Eu tenho um sonho de que um dia esta nação se levantará e viverá o verdadeiro significado de seu credo: "Estas verdades serão claras para todos, que os homens são criados iguais".

Eu tenho um sonho de que um dia nas colinas vermelhas da Geórgia, os filhos dos antigos escravos e os filhos

---

[1] Foi dramaturgo, contista, ensaísta, romancista e jornalista irlandês.[N. do T.]

dos antigos donos de escravos poderão se sentar junto à mesa da fraternidade.

Eu tenho um sonho de que um dia, mesmo o estado do Mississippi, um estado que sofre com o calor da injustiça, que sofre com o calor da opressão, será transformado em um oásis de liberdade e justiça.

Eu tenho um sonho de que meus quatro filhinhos um dia viverão em uma nação onde não serão julgados pela cor da pele, mas pelo conteúdo de seu caráter.

Eu tenho um *sonho* hoje!

Eu tenho um sonho de que um dia no Alabama, com seus racistas cruéis, com seu governador que tem os lábios cheios de palavras de "intervenção" e "infração", um dia, bem ali no Alabama, meninos e meninas negros poderão dar as mãos para meninos e meninas brancos como irmãos e irmãs.

Eu tenho um *sonho* hoje!

Eu tenho um sonho de que um dia todo vale será exaltado e toda colina e montanha serão niveladas, os lugares ásperos serão aplainados e os lugares tortuosos serão endireitados; "e a glória do Senhor será revelada e todos o verão".

Essa é nossa esperança e é com essa fé que retorno para o Sul.

Com essa fé, seremos capazes de talhar uma pedra de esperança da montanha do desespero.

Com essa fé, poderemos transformar as gritantes discórdias da nossa nação em uma bela sinfonia de fraternidade.

Com essa fé, poderemos trabalhar juntos, orar juntos, lutar juntos, ir para a prisão juntos, defender a liberdade juntos, sabendo que um dia seremos livres.

É importante destacar *como* um dos maiores revolucionários a agraciar este planeta com sua presença inspirou as pessoas a se sacrificarem por uma causa. Assim como um artista, o dr. King usou as palavras para pintar retratos extraordinários da liberdade na tela da imaginação. Cada frase era mais uma pincelada do mestre, impregnando a mente dos ouvintes para que trabalhassem e lutassem pela liberdade.

Assim como um artista, o dr. King usou as palavras para pintar retratos extraordinários da liberdade na tela da imaginação.

O dr. King transmitiu sua visão do céu na terra até o dia em que morreu. No dia 3 de abril de 1968, em Mênfis, Tennessee, um dia antes de ser assassinado, Martin Luther King proferiu seu último discurso, intitulado "Estive no topo da montanha". Este é um fragmento desse discurso:

> Deixei Atlanta esta manhã e, quando embarcamos no avião, o piloto comunicou pelo sistema de som: "Desculpe-nos pelo atraso, mas o dr. Martin Luther King está a bordo. Por isso foi preciso checar todas as bagagens e nos certificar de que não haveria nada de errado com o avião. E o avião esteve sob a proteção policial toda a noite". Então cheguei a Mênfis, e começaram a me falar sobre as ameaças. O que meus irmãos brancos poderiam fazer comigo?

Bem, não sei o que vai acontecer agora. Temos dias difíceis pela frente. Mas já não me importo. *Porque estive no topo da montanha.* E não me importo. Gostaria de ter uma vida longa como qualquer um. A longevidade tem seu lugar. Mas não estou preocupado com isso agora. Só quero fazer a vontade de Deus. *Ele me permitiu subir a montanha. E pude ver além. Vi a terra prometida.* Talvez não entre com vocês. Mas quero que saibam nesta noite que nós, como povo, chegaremos à terra prometida. Hoje à noite estou feliz. Não estou preocupado com nada. Não temo homem algum. Meus olhos viram a glória da presença do Senhor.

Chuva abundante

Precisamos de uma nova geração de pessoas que tenham a coragem do dr. King para mais uma vez deixar o vale do desespero e subir a montanha da revelação. Essa jornada não é para uns poucos escolhidos, mas para uma raça real de nobres. Permita-me lembrar você da promessa para o dia em que vivemos, um dia que começou dois milênios atrás quando o apóstolo Pedro citou o profeta Joel no livro de Atos:

"NOS ÚLTIMOS DIAS, diz Deus, DERRAMAREI DO MEU ESPÍRITO SOBRE TODOS OS POVOS. OS SEUS FILHOS E AS SUAS FILHAS PROFETIZARÃO, OS JOVENS TERÃO VISÕES, OS VELHOS TERÃO SONHOS. SOBRE OS MEUS SERVOS E AS MINHAS SERVAS DERRAMAREI DO MEU ESPÍRITO NAQUE-LES DIAS, e eles profetizarão. MOSTRAREI MARAVI-LHAS EM CIMA, NO CÉU, E SINAIS EM BAIXO, NA TERRA: SANGUE, FOGO E NUVENS DE FUMAÇA.

O SOL SE TORNARÁ EM TREVAS E A LUA EM SANGUE, ANTES QUE VENHA O GRANDE E GLORIOSO DIA DO SENHOR. E TODO AQUELE QUE INVOCAR O NOME DO SENHOR SERÁ SALVO!" (Atos 2.17-21, destaque nosso).

Nos últimos dias, Deus promete derramar seu Espírito sobre *todos*! Uma das principais manifestações desta *chuva abundante* é que os velhos começam a sonhar de novo enquanto Deus inspira os jovens com suas visões. Visão sobrenatural e sonhos inspirados por Deus estão disponíveis a todos que buscam esse derramar. Com mais de 4 bilhões de não cristãos neste mundo, nunca houve uma necessidade mais urgente de *imagineers* do Reino, membros da casa real e visionários radicais que se assentam nos lugares celestiais em Cristo e sonham com Deus. É hora de pararmos de reclamar da nossa situação e subirmos ao topo da montanha. É das alturas que vamos ver o mundo, não como é, mas como Deus planejou.

Quero perguntar mais uma vez: Como seria sua cidade se o Reino de Deus fosse sobreposto a cada esfera da sociedade? Você consegue imaginar o que aconteceria com os índices de criminalidade, taxas de divórcios, doenças terminais, depressão, pobreza, desesperança, assédio sexual, estupro, pornografia, vícios, desemprego... se você e outros sonhadores começassem a antever o futuro da sua cidade com Deus e, então, impregnassem a população com essa visão, assim como Martin Luther King fez nos seus dias?

COMO SERIA NOSSA CIDADE SE
O REINO DE DEUS FOSSE SOBREPOSTO
A CADA ESFERA DA SOCIEDADE?

Sonhadores e visionários, tomem seus lugares no derramar da chuva do Espírito e deixem que ele encha sua alma com a esperança que sente, a fé que vê e o amor que nunca falha!

CAPÍTULO 8

Impregnando o Universo

Profecia é a história escrita com antecedência.
GRAHAM COOKE

Escrevendo o futuro

O ano era 907 a.C., e o rei de Israel conseguiu afastar o povo de Deus e conduzi-lo para a idolatria. O nome dele era Jeroboão. Ele começa seu reinado estabelecendo dois bezerros de ouro e exigindo que o povo os adorasse em lugar de Javé. Em meio à insanidade do rei, um profeta sem nome entra em cena e de alguma forma consegue chegar à presença do rei. O profeta repreende Jeroboão e declara que outro rei chamado Josias viria para restaurar Israel a Deus. Ele profetizou contra o altar que Jeroboão construiu, dizendo que Josias sacrificaria seus sacerdotes perversos sobre ele (v. 1Reis 13.2). Em seguida, exclamou: "Este é o sinal que o Senhor declarou: O altar se fenderá, e as cinzas que estão sobre ele se derramarão" (1Reis 13.3).

O rei Jeroboão estendeu o braço, gritando, "Prendam-no!" (1Reis 13.4), e seu braço ficou paralisado, não voltando ao normal. O profeta intercedeu a Deus para que curasse o rei, e Deus o restaurou. O homem de Deus deixou o lugar um tanto irado, e depois, conforme profetizara, o altar fendeu-se ao meio e as cinzas que estavam sobre ele se derramaram (v. 1Reis 12—13).

Josias

Duzentos e setenta anos se passaram, e tudo continuou em decadência em Judá. O reinado de terror do rei Manassés, que durou cinquenta e cinco anos, mergulhou o país em uma das épocas de maiores trevas da História. Milhares de crianças foram sacrificadas nos altares dos ídolos, e as ruas de Israel se encheram de sangue. O derramamento de sangue parecia não ter fim; após a morte de Manassés, seu filho Amom sobe ao trono e continua a cumprir a pauta maligna. Mas, então, dois anos após o início de seu reinado, ele é assassinado (v. 2Reis 21.19-24). É aí que a trama se complica.

É o ano 640 a.C., e Josias é coroado rei aos 8 anos de idade. Quando completa 26 anos, aparentemente por motivo desconhecido, começa a buscar o Senhor, quebrando maldições hereditárias passadas a ele pelo pai e pelo avô. Josias convoca uma reforma da casa do Senhor que não era usada por mais de meio século. Na metade do projeto de restauração, Hilquias, o sumo sacerdote, encontra o Livro da Lei escondido em algum lugar do templo, uma das únicas cópias que sobrevivera ao reinado de terror de Manassés. Hilquias entrega o livro a Safã, o escriba, que corre aos aposentos do rei Josias e o lê para ele. Segundo Reis 22.11 diz: "Assim que o rei ouviu as palavras do Livro da Lei, rasgou suas vestes". A partir daquele momento, Josias se transforma num avivalista radical. Ele destrói os altares de Baal, elimina os sacerdotes malignos, queima tudo que era dedicado à adoração de outros deuses e chama a nação de volta a Javé.

Impregnando o Universo • **193**

Contudo, o que realmente aconteceu naquele dia fatídico quando, pela primeira vez na vida de Josias, ele ouviu a Palavra de Deus? Bem, algumas coisas ficam evidentes. O rei percebeu quanto Judá se afastara do padrão de Deus e quanto mereciam ser julgados com severidade. Mas outra coisa aconteceu: Josias não apenas ouviu a Palavra de Deus para Judá, mas também recebeu uma palavra profética para si mesmo. Ele acolheu a profecia e agarrou seu destino — tudo porque um profeta olhara para o futuro e chamara algo que não existia como se existisse:

Até o altar de Betel, o altar idólatra edificado por Jeroboão, filho de Nebate, que levou Israel a pecar; até aquele altar e o seu santuário ele os demoliu. Queimou o santuário e o reduziu a pó, queimando também o poste sagrado. Quando Josias olhou em volta e viu os túmulos que havia na encosta da colina, mandou retirar os ossos dos túmulos e queimá-los no altar a fim de contaminá-lo, conforme a palavra do Senhor proclamada pelo homem de Deus que predisse essas coisas (2Reis 23.15,16).

Imagine como deve ter sido para Josias descobrir que um profeta o chamara pelo nome e declarara seu destino centenas de anos antes de ele nascer. Quando ele ouviu a palavra, Josias entendeu que seu destino fora determinado por Deus e que sua vida não era um acidente ou apenas fruto de um momento de intimidade entre seus pais. Não, ele tinha uma corrida para correr, um propósito a cumprir e uma marca a deixar para Deus. De alguma forma ele estava vivo no coração de Deus anos antes de vir a este mundo, e chegara o tempo determinado para desafiar um sistema pagão e fazer história (v. 2Reis 22—23).

Palavras se tornam realidade

Agora vamos avançar mais setecentos anos. Pedro e João estavam do lado de fora da porta chamada Formosa que levava ao templo. Um homem, coxo de nascimento, estava sentado na entrada da porta. Estava pedindo esmola, mas os apóstolos não tinham dinheiro. Então, Pedro ordena ao homem que ande. Você conhece o resto da história — o aleijado fica completamente curado e começa a gritar. Uma multidão se aproxima, tentando descobrir o motivo da agitação. Pedro aproveita a oportunidade para pregar para a multidão. No fim da mensagem, ele faz a seguinte declaração:

> "De fato, todos os profetas, de Samuel em diante, um por um, falaram e predisseram estes dias. E vocês são herdeiros dos profetas e da aliança que Deus fez com os seus antepassados. Ele disse a Abraão: 'POR MEIO DA SUA DESCENDÊNCIA TODOS OS POVOS DA TERRA SERÃO ABENÇOADOS' " (Atos 3.24,25).

O que Pedro quis dizer com "E vocês são herdeiros dos profetas"? Vou contar o que ele estava querendo dizer. Estava nos ensinando como a História se torna *nossa* História. Estava dizendo que o profeta Samuel e todos os profetas depois dele olharam para o futuro e viram uma raça de pessoas que nunca haviam honrado este mundo com sua presença. Quando perceberam, começaram a profetizar sobre eles. Essas profecias impregnaram o "útero do amanhecer" (Salmos 110.3, tradução livre) com o "esperma" do próprio Deus. Uma espécie completamente nova nasceu dessas declarações proféticas. Assim como nos dias de Jeroboão, quando o profeta sem nome falou sobre um rei chamado Josias, Samuel e seus sucessores também nos viram e nos chamaram à existência.

Impregnando o Universo • **195**

Deixe-me ver se consigo esclarecer melhor esse princípio. Jesus contou uma parábola sobre um semeador que semeou as sementes em diferentes tipos de solo. Disse que a semente era a Palavra de Deus e que o solo era nosso coração em diversas condições (v. Mateus 13.3-23). Nesse texto, a palavra grega para semente é *sperma,* da qual deriva a palavra "esperma". Quando a Palavra do Senhor é liberada no coração, ficamos impregnados pelo DNA do Pai, e sua natureza nasce na nossa vida. Paulo se referiu a isso quando escreveu: "Meus filhos, novamente estou sofrendo dores de parto por sua causa, até que Cristo seja formado em vocês" (Gálatas 4.19). Como Paulo sentiu dores de parto por eles? Ele pregou a Palavra de Deus, e, quando falou, eles foram impregnados pelas sementes do Reino, o que fez literalmente que Cristo fosse formado neles.

Quando os profetas Samuel e seus sucessores profetizaram o futuro, eles impregnaram a atmosfera com a semente de Deus, que, por sua vez, gerou um tipo de gestação na própria criação. É por isso que Romanos diz: "Sabemos que toda a natureza criada geme até agora, como em dores de parto" (Romanos 8.22). Jesus falou da tribulação que aconteceria no *fim dos tempos*, dizendo: "Tudo isso será o início das dores" (Mateus 24.8). A própria criação está em trabalho de parto, dando à luz os herdeiros da salvação. A cabeça será coroada no momento exato; o mundo, gemendo na esperança da redenção, será liberto das trevas atuais.

A CABEÇA SERÁ COROADA NO MOMENTO EXATO;
O MUNDO, GEMENDO NA ESPERANÇA
DA REDENÇÃO, SERÁ LIBERTO
DAS TREVAS ATUAIS.

Israel de Deus

Antes de descobrirmos algumas declarações proféticas que impregnaram o Universo, é importante entendermos que a maioria das promessas, declarações e profecias para Israel pertencem a todo o Corpo de Cristo, não apenas àqueles que nasceram judeus. Paulo disse que Jesus reconciliou os gentios, que eram estranhos às *promessas*, em um corpo, unindo-nos aos cristãos judeus por meio da cruz (v. Efésios 2.11-16). As "promessas" são fruto de declarações proféticas feitas por Deus por meio dos profetas do Antigo Testamento. Paulo continua dizendo que o Espírito gera judeus pela circuncisão do coração, não por nascimento, genealogias ou esforços dos homens: "Não é judeu quem o é apenas exteriormente, nem é circuncisão a que é meramente exterior e física. Não! Judeu é quem o é interiormente, e circuncisão é a operada no coração, pelo Espírito, e não pela lei escrita" (Romanos 2.28,29). "Noutras palavras, não são os filhos naturais que são filhos de Deus, mas os filhos da promessa é que são considerados descendência de Abraão" (Romanos 9.8).

Escrevendo aos cristãos de Roma, muitos dos quais gentios, Paulo disse: "Pois tudo o que foi escrito no passado, foi escrito para nos ensinar, de forma que, por meio da perseverança e do bom ânimo procedentes das Escrituras, mantenhamos a nossa esperança" (Romanos 15.4). Essa declaração indica que o que foi escrito no Antigo Testamento, foi escrito para benefício de todos os cristãos, não apenas dos judeus. Paulo prossegue, fazendo declarações radicais aos gálatas, dizendo-lhes: "De nada vale ser circuncidado ou não. O que importa é ser uma nova criação. Paz e misericórdia estejam sobre todos os que andam conforme essa regra, e também sobre o Israel de Deus" (Gálatas 6.15,16). Também disse: "Mas a Jerusalém do alto é livre, e é a nossa mãe" (Gálatas 4.26).

Cristãos, tanto judeus como gentios, são o Israel de Deus, e a nova Jerusalém é a mãe, nosso lugar de origem. Portanto, embora seja evidente que algumas das promessas do Antigo Testamento tenham cumprimento apenas na nação de Israel, a maior parte delas apresenta poderosas ramificações secundárias para todos os cristãos. Não estamos tentando roubar as promessas do Israel natural; estamos apenas tomando-as emprestado eternamente como parte da família universal adotada de Deus!

Tornando-se proclamadores

Vamos dar uma olhada em algumas declarações, promessas e provisões dadas a nós por Deus. Ele falou com Abraão sobre uma época em que seus descendentes abençoariam *todas* as nações da terra. Ele disse: "Tornarei seus descendentes tão numerosos como as estrelas do céu e lhes darei todas estas terras; e por meio da sua descendência todos os povos da terra serão abençoados" (Gênesis 26.4). O nascimento de Cristo na linhagem de Abraão iniciou o cumprimento dessa promessa, mas estou certo de que essa declaração ainda permanece na História enquanto o mundo espera que se cumpra no Corpo de Cristo.

Ezequiel olhou para o futuro e profetizou sobre um povo que teria um novo coração e um novo espírito (v. Ezequiel 36.26). É por isso que o menor no Reino de Deus é maior do que João Batista, que foi o maior profeta do Antigo Testamento a pôr os pés neste mundo.

O profeta Zacarias falou de um povo que era tão incrível que os mais fracos entre eles seriam como o rei Davi, e a casa de Davi seria como o próprio Deus (v. Zacarias 12.8). Talvez por isso Jesus tenha prometido: "Aquele que crê em mim fará também as obras que tenho realizado. Fará coisas ainda maiores do que estas, porque eu estou indo para o Pai" (João 14.12).

198 • Chuva Abundante

O escritor de Hebreus apropriou-se de uma profecia do Antigo Testamento do livro de Jeremias e estendeu-a para a nova aliança. Jeremias escreveu:

"Ninguém mais ensinará ao seu próximo nem ao seu irmão, dizendo: 'Conheça ao Senhor', porque todos eles me conhecerão, desde o menor até o maior", diz o Senhor. "Porque eu lhes perdoarei a maldade e não me lembrarei mais dos seus pecados" (Jeremias 31.34; v. Hebreus 8.11,12).

Imagine, anteveja, sonhe com um tempo em que todos conhecerão o Senhor, porque ele inscreveu suas palavras no coração deles. Esta é uma das minhas profecias favoritas em toda a Bíblia:

Nos últimos dias o monte do templo do Senhor será estabelecido como o principal; será elevado acima das colinas, e todas as nações correrão para ele. Virão muitos povos e dirão: "Venham, subamos ao monte do Senhor, ao templo do Deus de Jacó, para que ele nos ensine os seus caminhos, e assim andemos em suas veredas". Pois a lei sairá de Sião, de Jerusalém virá a palavra do Senhor. Ele julgará entre as nações e resolverá contendas de muitos povos. Eles farão de suas espadas arados, e de suas lanças, foices. Uma nação não mais pegará em armas para atacar outra nação, elas jamais tornarão a preparar-se para a guerra (Isaías 2.2-4).

Medite nesses versículos um pouco, e eles o farão feliz! As nações não estarão mais em guerra umas com as outras porque virão juntas à casa do Senhor e aprenderão os caminhos de Deus.

Poderia isso resultar, por exemplo, em nações transformando suas fábricas de armas em fábricas que produzem produtos frescos para alimentar o mundo? Faz sentido quando se compara a profecia de Isaías com a comissão que Jesus nos deu de fazer discípulos de *todas as nações* e então ensinar-lhes tudo que ele nos ensinou (v. Mateus 28.19,20). Essa poderia ser uma das formas de sermos uma bênção para todos os países do mundo.

PALAVRAS PROFÉTICAS SE TORNAM AGENTES CATALISADORES QUE MOLDAM OS EVENTOS DA NOSSA VIDA, PESSOAL E COLETIVAMENTE, EM UMA BELA TAPEÇARIA DE PROEZAS HISTÓRICAS.

O processo de pró-criação

Há centenas de versículos profetizados por Samuel e seus sucessores em relação a nós. Seria necessário um livro inteiro apenas para investigar uns poucos deles. Mas o objetivo deste capítulo é simplesmente destacar como Deus transforma a História em nossa história. O Senhor dá a seus profetas e a seu povo profético revelações eternas. As pessoas que fazem história pegam essas revelações e as proclamam ao Universo, impregnando a atmosfera com destino e propósito. Essas palavras proféticas se tornam agentes catalisadores que moldam os eventos da nossa vida, pessoal e coletivamente, em uma bela tapeçaria de proezas históricas. O resultado é que esses mistérios escondidos que estão no profundo do coração do Pai começam a ser pintados nas telas do tempo.

O tempo está se esgotando

Vamos avançar para o ano de 1970 quando houve uma dramática mudança na visão do mundo. Foi publicado um livro intitulado *The*

Late Great Planet Earth [A agonia do grande planeta Terra]. Esse livro ajudou a popularizar uma escatologia que mudou a mensagem da Igreja de "o Reino está próximo" para "o fim do mundo está próximo". Ele ajudou a criar a expectativa de que o anticristo instituiria a natureza destrutiva da "besta" e sua marca enganadora. Isso resultou num tipo de teologia "Preparar teletransporte, Scotty"[1] em muitos cristãos à medida que começamos a antecipar um repentino resgate cósmico. (Permita-me esclarecer que Hal Lindsey, o autor do livro, simplesmente colocou em palavras uma visão do fim que já era popular no Jesus Movement e, como em todas as épocas, estava agindo de acordo com a revelação de sua geração.)

Um dos principais versículos proclamados aos berros nessa escatologia era: "Como serão terríveis aqueles dias para as grávidas e para as que estiverem amamentando!" (Marcos 13.17). Terá sido uma coincidência três anos depois de esse livro ter sido publicado a Suprema Corte dos Estados Unidos decidir legalizar o aborto e o ato de tirar a vida no ventre deixar de ser ilegal em todos os estados? Será que muitas pessoas mal orientadas consideraram o aborto uma espécie de morte de misericórdia? Imagino que algumas pessoas não conseguiram suportar a ideia de trazer uma criança a um mundo onde o anticristo colocaria um número nela ou a torturaria até que se submetesse.

SERÁ QUE MUITAS PESSOAS
MAL ORIENTADAS CONSIDERARAM O ABORTO
UM TIPO DE MORTE DE MISERICÓRDIA?

---

[1] Frase comumente utilizada pelo capitão Kirk no seriado *Jornada nas estrelas*. [N. do T.]

Você pode estar perguntando: "Onde estava a Igreja enquanto esses processos cruciais tramitavam na Suprema Corte?". Vou dizer onde estávamos: esperando o arrebatamento! Nossa escatologia nos ensinou que não haveria futuro. Pessoalmente, nunca fui para a faculdade, porque não queria "perder tempo", já que "tudo iria queimar", como costumávamos dizer.

Mais uma observação interessante. Nasci no dia 31 de janeiro de 1955, o mesmo ano em que Steve Jobs e Bill Gates nasceram. Bill Joy nasceu em novembro de 1954. Esses homens foram uns dos principais promotores da era da informação. Poucas, se é que há alguma, das pessoas que lideraram a era da informação eram seguidores de Jesus Cristo. Steve Jobs era budista, Bill Gates é agnóstico, Michael Dell é judeu, e não tenho certeza quanto a Bill Joy. "Aonde quer chegar?", você pergunta. Bem, você já se questionou por que dificilmente havia um único cristão na vanguarda da era da informação que estava surgindo? Acredito que seja porque o *Jesus Movement* que acolheu de braços abertos a escatologia do *Grande planeta* surgiu na mesma época. Os jovens cristãos estavam todos esperando pela grande fuga, deixando seus colegas não cristãos seguirem o relógio *kairos* da era da informação e se tornarem os precursores de uma nova era. Não havia precursores cristãos porque não havia quem pensasse adiante. Fomos todos ensinados a viver pela eternidade, mas ninguém parecia entender que também deveríamos viver *a partir* da eternidade.

NÃO HAVIA PRECURSORES CRISTÃOS
PORQUE NÃO HAVIA QUEM PENSASSE ADIANTE.
FOMOS TODOS ENSINADOS A VIVER PARA A ETERNIDADE,
MAS NINGUÉM PARECIA ENTENDER QUE
TAMBÉM DEVERÍAMOS VIVER *A PARTIR* DA ETERNIDADE.

---

202 • Chuva Abundante

Alguém sequestrou a História

Será que o pior desse paradigma do fim dos tempos não é que ele autoriza um Diabo destronado a roubar o futuro dos nossos filhos? Nesse ponto você provavelmente está se perguntando: "Kris, afinal, do que você está falando?". Deixe-me explicar. Lembra-se do que compartilhei no início deste capítulo? Deus faz a História ungindo pessoas para que vejam o futuro da perspectiva dele e chamem esse futuro à existência (v. Romanos 4.17). Então, como Josias e Pedro, cada geração avança para seu destino, cumprindo as palavras que foram profetizadas sobre ela no passado. Mas parte do destino de cada geração é manter viva a voz do Senhor, profetizando destino sobre as gerações por vir. Exatamente como Jesus disse ao apóstolo João: "Suba para cá, e lhe mostrarei o que deve acontecer depois dessas coisas" (Apocalipse 4.1), Deus nos convida a nos assentarmos com ele nos lugares celestiais onde podemos ver da perspectiva dele o que ele quer que aconteça no futuro. É dessa posição que podemos profetizar a partir da eternidade porque nossa visão e revelação foram capacitadas pela visão de Deus. Nossas palavras se tornam realidades, e a História passa a ser a História de Deus. Assim, tornamo-nos a resposta às orações e profecias de Samuel e seus sucessores e também nos unimos às fileiras dos sucessores ao liberarmos nossas orações e profecias sobre as gerações futuras.

DEUS FAZ HISTÓRIA UNGINDO
PESSOAS PARA QUE VEJAM O FUTURO DA PERSPECTIVA
DELE E CHAMEM ESSE FUTURO À EXISTÊNCIA.

No entanto, o que aconteceu ao destino quando nosso povo profético foi ensinado que não haveria futuro porque o fim do mundo estava próximo? Ele parou de profetizar sobre o futuro.

Impregnando o Universo • **203**

E o que aconteceu na ausência da voz profética do Espírito Santo é assustador; de repente foi criado um redemoinho, ou um vácuo, que sugou todo tipo de profecia de espíritos de trevas. Isso resultou no pior ressurgimento do poder mental desde os dias de Daniel. Existe Wicca, pessoas da Nova Era, adivinhos, astrólogos e paranormais, todos compartilhando suas revelações entre os maiores escalões deste país. Tornou-se prática aceitável empregar esses reveladores do segundo céu para ajudar a solucionar e prevenir crimes. A Secretaria da Segurança Pública, o FBI, a CIA e mesmo as polícias locais estão todos empregando essas pessoas. É óbvio que não é difícil para os paranormais terem revelações sobre os crimes que o chefe deles planejou e inspirou.

PODEMOS PROFETIZAR A PARTIR DA ETERNIDADE
PORQUE NOSSA VISÃO E REVELAÇÃO
FORAM CAPACITADAS PELA VISÃO DE DEUS.

Não há apenas um vácuo de declarações proféticas verdadeiras gerando uma crise na História; nosso inimigo assumiu o papel que abandonamos, de declarar o destino, e está perpetuando seus planos diabólicos em nosso planeta. Enquanto nos esquivarmos da comissão de destruir as obras do Diabo (v. João 10.10; 1 João 3.8), falhamos em interromper a missão dele, que é matar, roubar e destruir.

Nosso legado

Precisamos levar em consideração que nossa escatologia pode estar roubando nosso legado. Lembre-se: "As coisas encobertas pertencem ao SENHOR, o nosso Deus, mas as reveladas pertencem a nós e aos nossos filhos para sempre" (Deuteronômio 29.29). A revelação profética abre os tesouros escondidos que devem ser entregues

204 • Chuva Abundante

geração após geração. Mas, para profetizarmos o futuro e assim lançarmos os fundamentos de uma herança de múltiplas gerações, devemos crer que haverá um futuro.

> PRECISAMOS LEVAR EM CONSIDERAÇÃO
> QUE NOSSA ESCATOLOGIA PODE ESTAR
> ROUBANDO NOSSO LEGADO.

No inverno de 2007, o Senhor falou comigo: "O espírito de fatalismo e o espírito de martírio estão retendo a era apostólica". O fatalismo se recusa a reconhecer avanços positivos na terra e espera ansioso que o mundo desmorone em vez de evoluir. Lança para longe versículos como "Ele estenderá o seu domínio, e haverá paz sem fim [...]" (Isaías 9.7) e impede que inspirem esperança nas gerações por vir. A Igreja é conhecida por usar o medo como motivador principal para fazer as pessoas virem para o Reino. Precisamos ter certeza de que não estamos associados a espíritos terroristas, crendo que podemos levar pessoas a Deus, pois o amor lança fora o medo e, na verdade, é a bondade de Deus que nos leva ao arrependimento (v. Romanos 2.4). Portanto, é muito difícil manter no Reino pessoas que foram levadas principalmente por uma escatologia fatalista.

> O ESPÍRITO DE FATALISMO E O
> ESPÍRITO DE MARTÍRIO ESTÃO
> RETENDO A ERA APOSTÓLICA.

O martírio abraça a morte de forma sádica e valoriza mais a cruz do que a alegria que nos aguarda. Jesus *suportou* a cruz; ele não teve prazer nela! Quando chegou a hora de morrer, ele até mesmo orou: "Pai, se queres, afasta de mim este cálice" (Lucas 22.42).

> O MARTÍRIO ABRAÇA A MORTE DE FORMA SÁDICA E VALORIZA
> MAIS A CRUZ DO QUE A ALEGRIA QUE NOS AGUARDA.
> JESUS *SUPORTOU* A CRUZ; ELE NÃO TEVE PRAZER NELA!

Escatologia apostólica

O Senhor prosseguiu dizendo que nos daria uma "escatologia apostólica". Nos capítulos anteriores, examinamos a missão de um verdadeiro apóstolo. Falei que o ministério apostólico é sinônimo de transformação cultural. Sabemos que a única oração que Jesus nos ensinou diz que o Reino viria e sua vontade seria feita "na terra como é no céu". Portanto, a primeira pergunta que devemos fazer é: "Jesus nos ensinou uma oração e não esperava que acreditássemos nela?". Acho que concordamos que a resposta a essa pergunta é *não!* Se devemos orar para que seja na terra como é no céu, e se fomos comissionados a "fazer discípulos de todas as nações" (Mateus 28.19), então não parece razoável que precisamos de uma nova abordagem para o fim dos tempos?

> JESUS NOS ENSINOU UMA ORAÇÃO
> E NÃO ESPERAVA QUE ACREDITÁSSEMOS NELA?

O que acreditamos a respeito do fim está muito relacionado a como nos comportamos na caminhada. Por exemplo, digamos que eu tenha uma camionete 1955 e você uma oficina de restauração de automóveis. Imagine que levo meu carro à sua oficina para ser completamente restaurado e digo que dinheiro não é problema. Mas, na metade do projeto de restauração, você descobre que vou colocar a velha camionete em uma corrida de destruição depois de terminar o serviço. Essa informação certamente afetará a qualidade do trabalho!

> O QUE ACREDITAMOS A RESPEITO DO FIM
> ESTÁ MUITO RELACIONADO A COMO NOS COMPORTAMOS
> NA CAMINHADA.

Da mesma forma, qualquer pessoa razoável deveria ser capaz de compreender que sua perspectiva do fim dos tempos pode afetar dramaticamente a qualidade da vida cotidiana. Uma vez mais, Isaías profetizou que o Espírito do Senhor nos ungiu para que as pessoas fossem restauradas e libertas e descreveu como a restauração pessoal *delas* resultaria em cidades e nações reconstruídas. Ele escreveu: "Eles reconstruirão as velhas ruínas e restaurarão os antigos escombros; renovarão as cidades arruinadas que têm sido devastadas de geração em geração" (Isaías 61.4). É difícil se sentir capacitado a restaurar cidades arruinadas e ao mesmo tempo crer que o estado do mundo precisa se deteriorar para Jesus voltar. Você percebe que nossa escatologia está na verdade agindo contra nosso ministério? Jack Taylor[2] expressou a ideia da seguinte forma: "É difícil oferecer o céu pela metade às pessoas e ao mesmo tempo acreditar que as coisas estão indo para o inferno [...]". Fico imaginando: será possível que estamos, na verdade, às vésperas da construção?

Compromisso com o cuidado da criação

Recentemente, esse ponto me veio à mente quando fui convidado para uma mesa redonda em que centenas de líderes se reuniriam para discutir os diversos desafios da transformação cultural. O propósito da conferência era encontrar soluções criativas para

---

[2] Pastor da Castle Hills First Baptist Church, em San Antonio, Texas, onde houve poderoso avivamento espiritual em 1970. [N. do T.]

os problemas do mundo. O evento era dividido em vários tópicos que tivemos o privilégio de discutir. Ecologia ou Cuidado com a criação foi um dos temas principais da discussão.

Diversos líderes discutiram o assunto apaixonadamente enquanto vários de nós ouviam atentamente. Um dos preletores observou que a primeira responsabilidade que Deus deu a Adão pessoalmente e a segunda ordem que deu ao homem coletivamente foi cultivar o Planeta (v. Gênesis 1.20-31; 2.15, a primeira comissão coletiva foi: "Sejam férteis e multipliquem-se"). Outra pessoa expôs que o movimento Nova Era está liderando a revolução verde e que os cristãos estão décadas atrás do resto do mundo nesse assunto. Esse comentário inspirou algumas horas de diálogo enquanto vários ecologistas e cientistas cristãos brilhantes ponderavam sobre o assunto.

Nossa escatologia parece estar minando nossa ecologia.

"Há um elefante na sala, e ninguém quer falar sobre isso. Nossa escatologia parece estar minando nossa ecologia", pensei, enquanto o diálogo prosseguia. O Planeta, metaforicamente falando, é nossa camionete 1955, e a Igreja é a oficina de restauração de Deus. Pedro conclama:

> "Arrependam-se, pois, e voltem-se para Deus, para que os seus pecados sejam cancelados, para que venham tempos de descanso da parte do Senhor, e ele mande o Cristo, o qual lhes foi designado, Jesus. É necessário que ele permaneça no céu até que chegue o tempo em que Deus restaurará todas as coisas, como falou há muito tempo, por meio dos seus santos profetas" (Atos 3.19-21).

208 · Chuva Abundante

Como já mencionei várias vezes, fomos chamados para trazer o céu à terra e assim nos tornarmos os catalisadores da restauração de todas as coisas. Mas é difícil entusiasmar-se com o ministério da restauração ou a promessa de que os mansos herdarão a terra e ao mesmo tempo antever a Terra destruída!

Luz e trevas

Durante anos preguei que nos últimos dias a luz brilhará mais e mais enquanto as trevas ficarão mais e mais escuras. Então, um dia, refleti sobre o seguinte: luz e trevas não podem coabitar. É cientificamente impossível aumentar a luz em uma peça e ao mesmo tempo ficar mais escuro — a menos que a luz seja encoberta por alguma coisa. A única outra forma de a luz e as trevas se intensificarem ao mesmo tempo é confinar ou limitar a luz a certa localização geográfica ou demográfica. Mas Jesus disse:

> "Vocês são a luz do mundo. Não se pode esconder uma cidade construída sobre um monte. E, também, ninguém acende uma candeia e a coloca debaixo de uma vasilha. Ao contrário, coloca-a no lugar apropriado, e assim ilumina a todos os que estão na casa. Assim brilhe a luz de vocês diante dos homens, para que vejam as suas boas obras e glorifiquem ao Pai de vocês, que está nos céus" (Mateus 5.14-16).

Jesus deixou claro que nós somos a luz de todo o *mundo.* Nossa luz deve ser colocada no lugar mais alto e mais visível possível em cada cidade. Nunca deve ser escondida debaixo de uma vasilha ou encoberta por algum objeto.

Se isso for verdade, então deveria instigar muitas perguntas no nosso coração. Por exemplo: E quanto a todos os versículos

Impregnando o Universo • **209**

do Novo Testamento que falam sobre os tempos terríveis que virão nos últimos dias? Boa pergunta. Estas são algumas possíveis explicações: Primeiro, precisamos entender que as palavras "últimos dias" atravessam milhares de anos, começando com a proclamação de Pedro em Atos 2.17 e se estendendo até a volta de Jesus. A Bíblia se refere a vários tipos diferentes de acontecimentos, bem como a várias épocas de mudança na linha cronológica chamada "últimos dias". Algumas são muito ruins e de trevas, enquanto outras são incríveis e cheias de luz. Temos, por exemplo, textos como 2 Timóteo, em que Paulo exorta Timóteo a instruir seus discípulos a como responder a pessoas perversas nos últimos dias:

> Saiba disto: nos últimos dias sobrevirão tempos terríveis. Os homens serão egoístas, avarentos, presunçosos, arrogantes, blasfemos, desobedientes aos pais, ingratos, ímpios, sem amor pela família, irreconciliáveis, caluniadores, sem domínio próprio, cruéis, inimigos do bem, traidores, precipitados, soberbos, mais amantes dos prazeres do que amigos de Deus, tendo aparência de piedade, mas negando o seu poder. Afaste-se desses também (3.1-5).

A questão é: Onde se encaixam esses versículos na linha do tempo dos "últimos dias"? Algumas coisas vêm à mente. Em primeiro lugar, é claro que Paulo esperava que Timóteo vivesse essas coisas em seus dias. Ele lhe dá instruções *pessoais* sobre como lidar com as pessoas inclinadas ao mal. Em outras palavras, não estava necessariamente fazendo um comentário sobre a situação do Planeta no retorno de Jesus; ele poderia estar exortando-o sobre os dias que estavam vivendo. Portanto, minha pergunta é: quando

210 · Chuva Abundante

vemos pessoas nessas condições perversas vivendo ao nosso redor, realmente prova que as coisas estão ficando piores?

A fim de compreendermos todo o conselho de Deus quanto ao fim dos tempos, devemos acolher toda passagem bíblica que trate dos últimos dias, como estes versículos no livro de Isaías:

"Levante-se, refulja! Porque chegou a sua luz, e a glória do Senhor raia sobre você. Olhe! A escuridão cobre a terra, densas trevas envolvem os povos, mas sobre você raia o Senhor, e sobre você se vê a sua glória. As nações virão à sua luz e os reis ao fulgor do seu alvorecer. Olhe ao redor, e veja: todos se reúnem e vêm a você; de longe vêm os seus filhos, e as suas filhas vêm carregadas nos braços. Então o verás e ficarás radiante; o seu coração pulsará forte e se encherá de alegria porque a riqueza dos mares lhe será trazida, e a você virão as riquezas das nações" (Isaías 60.1-5).

Observe que Deus nos exorta a que nos levantemos em meio às maiores trevas e comecemos a brilhar. Essa atitude positiva resulta em nações, reis e pessoas vindo de todo o mundo para serem curados, salvos, libertos e transformados. A condição deles é tão desesperadora que estão dispostos a oferecer toda sua riqueza para o povo de Deus em troca de que sua situação de trevas seja iluminada. Acredito que textos como a exortação de Paulo a Timóteo, por exemplo, poderiam ser uma perfeita descrição das densas trevas sobre as quais a Igreja recebeu ordem para levantar e brilhar. Será que o resultado do Corpo de Cristo brilhando em meio às piores condições do Planeta fará de alguma forma que o mal aumente em vez de que seja destruído?

Reflexões do fim dos tempos

Seria preciso um livro inteiro para fazer justiça ao tema do fim do mundo. Harold Eberle e Martin Trench escreveram um livro excelente intitulado *Victorious Eschatology* [Escatologia vitoriosa]. Eles apresentam algumas perspectivas novas e revelações das Escrituras tratando desse assunto. Recomendo que você o leia com a mente aberta. Esse livro trata da profecia de Jesus sobre o "sinal do fim dos tempos" de Mateus 24 e também apresenta uma perspectiva renovada sobre o livro de Apocalipse. Apesar de seu valor, o livro deles não inspirou este capítulo. Apoio essa visão escatológica positiva por muitos anos. Entretanto, foi inspirador encontrar outros líderes que compartilham um entendimento vitorioso dos últimos dias.

Os princípios da nossa escatologia
podem estar afetando nosso ministério
e, acima de tudo, nosso legado.

O objetivo deste livro não é apresentar outro gráfico para ser discutido nem entrar em um debate teológico sobre as várias opiniões sobre a profecia do fim dos tempos. Quero simplesmente desafiar seu pensamento. Quero que esteja ciente de que, quer queira quer não, os princípios da nossa escatologia podem estar afetando nosso ministério e, acima de tudo, nosso legado. Devemos aos filhos dos filhos dos nossos filhos a coragem de questionar velhos paradigmas que podem roubar a esperança das gerações seguintes. A esperança é o solo preparado para a fé crescer, e fé é o que Jesus estará procurando quando voltar: "Contudo, quando o Filho do homem vier, encontrará fé na terra?" (Lucas 18.8).

Bill Johnson diz: "Não é preciso fé para dizer que as coisas irão de mal a pior nos últimos dias". Além disso, desejar que Jesus volte

212 · Chuva Abundante

agora relega bilhões de pessoas ao inferno. Pedro entendeu isso, ao dizer: "O Senhor não demora em cumprir a sua promessa, como julgam alguns. Ao contrário, ele é paciente com vocês, não querendo que ninguém pereça, mas que todos cheguem ao arrependimento" (2Pedro 3.9). É importante nos revestirmos da mente de Cristo e não deixar que as *circunstâncias* ditem nossas *posições*. Cada vez que reagimos às condições do mundo em vez de responder com fé, encontramo-nos *debaixo* das circunstâncias. Muita doutrina ruim provém de um senso de impotência do cristianismo. Temos a tendência de espiritualizar nossa disfunção, mascarar nossos medos e desculpar a incapacidade de ver obras maiores serem realizadas por meio da nossa vida.

> MUITA DOUTRINA RUIM PROVÉM DE UM
> SENSO DE IMPOTÊNCIA DO CRISTIANISMO.

Estou, pessoalmente, em uma jornada escatológica. Sinto-me como Abrão quando encontrou Deus pela primeira vez. O Senhor lhe disse que deixasse seu país e viajasse para uma terra que ele lhe mostraria (v. Gênesis 12.1). Abrão não sabia para onde estava indo; somente sabia onde não podia permanecer. Sei que não posso permanecer em uma teologia do fim dos tempos que está roubando o futuro dos meus filhos, infundindo medo como motivação principal para servir ao Pai e questionando a Grande Comissão de fazer discípulos de *todas* as nações.

> ABRÃO NÃO SABIA PARA ONDE ESTAVA INDO;
> SOMENTE SABIA ONDE NÃO PODIA PERMANECER.

Impregnando o Universo • **213**

Embora não tenha certeza para onde estou indo, decidi permitir uns poucos princípios para determinar minha jornada escatológica. Primeiro, não deixarei passagens místicas que têm sido debatidas por séculos questionarem ordenanças claras, promessas e profecias que recebemos do próprio Senhor, muitas das quais discuti extensivamente neste livro. Em segundo lugar, não acolherei uma visão do fim dos tempos que diminua a esperança, promova o medo ou rearme o mesmo Diabo que Jesus despojou na cruz (v. Colossenses 2.13-15).

Não acolherei uma visão do fim dos tempos que diminua a esperança, promova o medo ou rearme o mesmo diabo que Jesus despojou na cruz.

O livro de Apocalipse foi escrito como a revelação de Jesus Cristo, não a revelação do anticristo (v. Apocalipse 1.1). O livro de Apocalipse foi escrito em um estilo profético comum aos místicos e, portanto, tende à subjetividade. Não permitirei que sua interpretação promova um cristianismo impotente. A ordem que foi passada de geração em geração com força crescente é para destruirmos as obras do Diabo (v. 1João 3.8). Quando nos submetemos a Deus e resistimos ao Diabo, ele foge de nós, e isso permanece válido para todas as épocas (v. Tiago 4.7). Portanto, não acolherei uma escatologia que questiona nossa comissão de fazer discípulos de todas as nações e nos dissuade do mandato de restaurar cidades arruinadas.

Não acolherei uma escatologia que questiona nossa comissão de fazer discípulos de todas as nações.

Por fim, não acreditarei em nenhuma interpretação da Escritura em relação ao fim dos tempos que redefina o caráter de Deus. Ele é bom em todo o tempo. O amor dele por nós é indescritível, incompreensível, inimaginável e impossível de ser exagerado. Sua misericórdia é mais profunda que o oceano, sua compaixão é maior que o mar e seus pensamentos para conosco são incontáveis. Ele nos criou para seu deleite e, portanto, aprecia estar conosco.

Não acreditarei em nenhuma interpretação da Escritura em relação ao fim dos tempos que redefina o caráter de Deus.

Tendo dito isso, ainda há porções das Escrituras que parecem apontar outra perspectiva muito pessimista e não podem ser ignoradas. Por isso estou convicto de que precisamos do Espírito Santo mais do que nunca para nos conduzir a toda a verdade e nos guiar por esses campos minados teológicos na jornada escatológica. Que Deus nos conceda sabedoria e revelação para a época em que vivemos; e que possamos juntos encontrar a terra prometida da nossa alma.

CAPÍTULO 9

Um mundo maravilhoso

Às vezes coisas boas demais para ser verdade são verdade!

KRIS VALLOTTON

Pelo amor de Deus

Em 1968, Louis Armstrong, um afro-americano deleitando-se no recente ardor do movimento dos direitos civis, encarou os agourentos da época ao cantar a famosa canção *What a Wonderful World* [Que mundo maravilhoso]. Esta é uma frase da música: Vejo árvores verdes, rosas vermelhas também, as vejo desabrochar por mim e por você e penso comigo mesmo: que mundo maravilhoso (tradução livre).[1]

Alguns anos atrás, baixei esta música para o iPod e aconteceu que a ouvi pela primeira vez durante um voo a caminho de uma conferência. A música revelou uma crise na minha alma, uma crise tão profunda que nem sabia que existia. Enquanto a música tocava, vi-me em meio a uma batalha impossível de ser explicada com precisão com meras palavras, mas vou tentar. Meu coração se contorcia com cada linha da letra, enquanto minha mente se

---

[1] THIELE, Bob; Weiss, George David. **What a Wonderful World**. Intérprete: Louis Armstrong, © 1967 ABC Records.

encontrava em grande conflito consigo mesma. Meu cérebro era um campo de batalha, e vários textos das Escrituras surgiam como soldados guerreando uns contra os outros em uma nobre batalha pela verdade. Continuei repetindo a música no iPod, pois para mim as palavras de Louis serviam de reforços da realidade. À medida que as horas passavam, compreendi que um espírito de augúrio (que quer dizer senso de destruição iminente) tinha de alguma forma se alojado na minha alma e estava ditando minha visão de mundo. Percebi que tinha uma necessidade deturpada de crer que o mundo estava piorando.

COMPREENDI QUE UM ESPÍRITO DE AUGÚRIO
TINHA DE ALGUMA FORMA SE ALOJADO NA
MINHA ALMA E ESTAVA DITANDO MINHA VISÃO DE MUNDO.

A terrível verdade da melhora no estado do mundo

Lá estava eu, cruzando metade do mundo em um voo de doze horas, a bordo de um jato com ar condicionado, a milhares de quilômetros de casa, fazendo uma viajem que apenas meio século atrás teria levado um ano a cavalo ou seis meses em um navio e que teria sido infinitas vezes mais perigosa.

A guerra na minha mente se intensificou, por isso decidi me esconder em um filme e ter algumas horas de alívio. Ajustei a tela de tevê na minha frente e comecei a conferir as opções. Pulando de uma opção para outra, fiquei frustrado, pois todos os filmes eram um tanto antigos. Já havia assistido à maioria dos dez filmes oferecidos pela companhia aérea. Os outros programas eram melodramáticos, e eu não estava desesperado o suficiente para chorar durante um filme inteiro para me distrair. Lamentei quanto a crise financeira afetara a indústria do transporte. Só então lembrei que trouxera um DVD comigo. Abri o computador, coloquei os fones e iniciei o filme.

Todo esse estresse estava me dando fome, portanto apertei o botão para alertar a comissária de que precisava de atenção. Ela veio até o assento e tinha justamente meu refrigerante favorito no carrinho. Pedi alguma coisa para comer. Ela mostrou o cardápio e informou que eu teria de pagar 5 dólares por uma refeição. "Cinco dólares!", reclamei. "O que está havendo com este mundo?". Ela explicou que as coisas estavam realmente difíceis no ramo da aviação, por isso precisavam cobrar por coisas que antes eram de graça. Lamentei um pouco mais, peguei o cartão de crédito e paguei a refeição.

Quando finalmente aterrissei, telefonei do celular para Kathy avisando que tinha chegado em segurança. Conversamos um pouco, e ela me disse que a companhia de água havia elevado a taxa da água em 20% em razão da seca severa que assolava a Carolina do Norte. Ela sugeriu que diminuíssemos o consumo, não regando tanto o gramado. "Quero que nossa grama continue verde", protestei. Quando desligamos o telefone, pensei: "O aquecimento global já está matando meu gramado!".

O AQUECIMENTO GLOBAL JÁ ESTÁ MATANDO MEU GRAMADO!

Meu anfitrião estava na esteira de bagagens para me pegar quando eu chegasse. Estava muito quente lá fora, mas ele deixara o carro ligado; por isso, quando entramos, o veículo estava a agradáveis 21 graus. Ele perguntou se eu conseguira dormir no voo internacional de doze horas. "Não", reclamei. "Foi um voo difícil. Tive de viajar na classe econômica". Paramos em uma cafeteria Starbucks a caminho do hotel para tomar uma xícara de café por 4 dólares.

218 • Chuva Abundante

Enquanto ele dirigia, peguei um *USA Today* e comecei a ler. As más notícias sobre os 7 bilhões de pessoas que habitam este planeta enchiam várias páginas do jornal. Fiquei muito chateado pela família de Tiger Wood à medida que a história de seus casos, que estavam sendo revelados havia dias, continuavam, enchendo várias colunas do jornal. "Uau", pensei. "Para onde está indo este mundo?".

> Percebi que os soldados da verdade que estiveram lutando no campo de batalha da minha mente tinham, de alguma forma, desafiado minha visão de mundo.

Poucas semanas antes, os jornais haviam sido tomados por notícias dos esforços audaciosos do presidente Obama para trazer as Olimpíadas para Chicago. "Coisas sérias estão acontecendo nos Estados Unidos", pensei. "O que está acontecendo com este mundo?". Junto com a saga das lutas de Tiger, a mídia estava relatando uma história sobre um casal que fora a uma festa do presidente sem ter sido convidado. Os dois não atiraram em ninguém, nem nada parecido, simplesmente foram. "Definitivamente essas trevas profundas serão a terra fértil para o anticristo trazer destruição", pensei.

Finalmente chegamos à conferência, onde alguns milhares de pessoas esperavam em um belo templo com cadeiras acolchoadas. Uma equipe de louvor ungida conduzia a adoração ao Senhor, suas vozes eram mixadas perfeitamente em uma mesa de som de 30 mil dólares e distribuídas por um moderno sistema de som.

Em pouco tempo, seria minha vez de falar. "O mundo está em trevas cada vez mais profundas à medida que avançamos nestes últimos dias", proclamei. Mas alguma coisa nessa frase não parecia mais estar certa. Lutava na minha alma, sentindo como se estivesse sendo desonesto com a congregação. Foi então que percebi que os soldados da verdade que estiveram lutando nos campos de batalha da minha alma tinham, de alguma forma, desafiado minha visão de mundo.

Comecei a questionar a realidade e me perguntei onde conseguira essa mentalidade negativa, se vivia em um patamar de luxo que reis não haviam conhecido apenas um século atrás.

Óculos escuros

Enquanto meditava sobre essas coisas, compreendi que nascera em um mundo com o entendimento obscurecido. Embora tenha sido iluminado quanto à verdade da salvação pela fé, tinha, de alguma forma, preferido manter os óculos escuros da dúvida quando olhava para a região ao redor da Igreja do Senhor, o mundo que ele tanto amou. Afinal, esses óculos escuros estavam na moda, todo mundo os estava usando, e não queria que o público cristão me rejeitasse.

Desde então, percebi que as más notícias vendem. Hoje uma pessoa comum ouve mais relatos negativos em uma semana do que alguém apenas cinquenta anos atrás ouviria durante toda a vida.

HOJE UMA PESSOA COMUM OUVE MAIS RELATOS NEGATIVOS EM UMA SEMANA DO QUE ALGUÉM APENAS CINQUENTA ANOS ATRÁS OUVIRIA DURANTE TODA A VIDA.

Também comecei a perceber que o mundo satisfaz seu apetite por más notícias, desenvolvendo sistemas de rastreamento que relatam o que está errado no mundo em vez do que está certo.

Por exemplo, informamos o índice de desemprego, não o índice de emprego. Pense sobre o tipo de mentalidade que é desenvolvida quando nos concentramos no fato de que 12% da força de trabalho dos EUA estão sem emprego em vez de que 88% dos americanos estão trabalhando. Há tantas estatísticas destinadas a estimar o que está errado com a humanidade em vez do que está certo.

Notícias ruins são tão populares que a mídia até descobriu um jeito de relatar o lado ruim de notícias boas. O preço da gasolina é um ótimo exemplo. Quando o preço de quase 4 litros de gasolina subiu para cerca de 2 dólares em 2008, as notícias falavam dos males da hiperinflação. Mais tarde, quando os preços caíram proporcionalmente em 2009, as manchetes dos noticiários trovejavam "os males econômicos da deflação".

NÃO RELEGAREI MINHA VISÃO DE MUNDO
A MENTIRAS PARA PODER ME ALEGRAR COM O
CUMPRIMENTO DE ALGUM VERSÍCULO DA BÍBLIA
SOBRE O "FIM DOS TEMPOS". DEUS QUER QUE
ACOLHAMOS A VERDADE, NÃO A OPINIÃO POPULAR.

Não estou tentando enterrar a cabeça na areia e fingir que não há problemas sérios no mundo. Nem estou defendendo viver em um mundo fantasioso de negação e chamar isso de fé. Mas não relegarei minha visão de mundo a mentiras, para poder me alegrar com o cumprimento de algum versículo da Bíblia sobre o "fim dos tempos". Deus quer que acolhamos a verdade, não a opinião popular.

É difícil acreditar em boas notícias

Houve tantas notícias boas neste planeta nos últimos cem anos que é difícil entender por que não estão nas primeiras páginas de

Um mundo maravilhoso • **221**

cada jornal do país. Sou grato a Stephen Moore e Julian L. Simon, que tiveram o trabalho de compilar muitos desses fatos negligenciados em um volume chamado *It's Getting Better All the Time: 100 Greatest Trends of the Last 100 Years* [Está cada vez melhor: as 100 melhores tendências dos últimos 100 anos]. Gostaria de compartilhar aqui apenas uma amostra do que eles descobriram.

Saúde

Doenças que por décadas exterminaram civilizações inteiras foram completamente erradicadas do Globo. Varíola, pólio, tuberculose e lepra são estudadas em lições de história antiga em livros-textos lidos por crianças do ensino fundamental.

Durante grande parte da história da humanidade, a média de expectativa de vida de uma pessoa costumava ser de 20 a 30 anos, mas em 2003 a média mundial era de quase 67 anos, e a expectativa de vida ainda está aumentando.[2] Mesmo na África, o continente mais pobre do mundo, o índice aumentou para 46 anos.[3]

Durante grande parte da história da humanidade, a expectativa de vida média de uma pessoa costumava ser de 20 a 30 anos.

Mas espere: há mais boas notícias. As pessoas não apenas estão vivendo mais hoje, como também os idosos estão mais saudáveis. As pessoas ficam doentes bem mais tarde. Por exemplo, as pessoas contraem doença do coração pelo menos nove anos mais tarde do

---

[2] Goklany, Indur. **The Improving State of the World:** Why We're Living Longer, Healthier, More Comfortable Lives on a leaner Planet. Washington, DC: The Cato Institute, 2007. p. 31.

[3] Ibid., p. 69.

que há apenas um século. Doenças respiratórias foram postergadas em média onze anos e o câncer oito anos.[4]

Antes da industrialização, pelo menos uma em cada cinco crianças morria sem completar 1 ano de vida, mas, em 2003, o índice mundial de mortalidade infantil caiu quase 75%, uma em cada 17 crianças.[5]

ANTES DA INDUSTRIALIZAÇÃO, PELO MENOS UMA EM CADA CINCO CRIANÇAS MORRIA SEM COMPLETAR 1 ANO DE IDADE.

Ainda em relação à saúde, vamos falar sobre o fumo. Em 1965, aproximadamente uma em cada duas pessoas fumava nos Estados Unidos. No ano de 2006, esse número caiu para uma em cada seis pessoas.[6] Em outras palavras, nos últimos quarenta anos, cerca de 64 milhões de pessoas pararam de fumar apenas nos Estados Unidos!

Vamos examinar mais alguns indicadores que sugerem que o mundo está evoluindo em vez de retroceder.

DURANTE O PERÍODO DE VINTE E CINCO ANOS QUE COMEÇOU EM 1962 E TERMINOU EM 1987, OS NÍVEIS DE POLUIÇÃO DO AR CAÍRAM MAIS DA METADE.

---

[4] GOKLANY, Indur. **The Improving State of the World**: Why We're Living Longer, Healthier, More Comfortable Lives on a leaner Planet. Washington, DC: The Cato Institute, 2007. p. 40.

[5] Ibid. p. 27.

[6] Cigarette Smoking Among Adults — United States. **Morbidity and Mortality Weekly Report**: Centers for Disease Control and Prevention, 7 nov. 2007. Disponível em: <http://www.cdc.gov/mmwr/preview/mmwrhtml/mm5644a2.htm#fig>.

Poluição

Em 1968, o pessimista Paul Ehrlich escreveu em seu livro *The Population Bomb* [Bomba populacional] que "desastres relacionados à poluição do ar" poderiam matar 200 mil pessoas somente em Nova York e Los Angeles em 1973.[7] A realidade é que a poluição do ar nas cidades dos Estados Unidos tem caído por pelo menos três décadas. Os níveis favoráveis de qualidade urbana do ar também não ficaram restritos a apenas umas poucas cidades. Durante um período de vinte e cinco anos que começou em 1962 e terminou em 1987, os níveis de poluição do ar caíram mais da metade.[8]

Não apenas a qualidade do ar está melhorando drasticamente, a qualidade da água também está melhorando. Segundo o *Índice dos principais indicadores ambientais* do Instituto de Pesquisa do Pacífico, em 1972 somente 36% dos lagos dos EUA eram adequados para pescar e nadar. Em 1994 esse número subiu para 91%![9]

O percentual de fontes de água consideradas ruins ou péssimas pelo Conselho de Qualidade Ambiental caiu de 30% em 1961 para menos de 5% hoje.[10]

Pobreza

As pessoas em média nunca estiveram tão bem alimentadas como estão hoje. Entre 1961 e 2002, a média mundial de suprimento alimentar diário aumentou 24% (38% nas nações em desenvolvimento) por pessoa. A desnutrição crônica nas nações

---

[7] MOORE, Stephen; Simon, Julian L. **It's Getting Better All the Time: 100 Greatest Trends of the Last 100 Years.** Washington, DC: The Cato Institute, 2000. p. 186

[8] Ibid.

[9] Ibid., p. 188.

[10] Ibid.

em desenvolvimento regrediu de 37% para 17% da população nesse mesmo período.[11]

ENTRE 1961 E 2002, A MÉDIA MUNDIAL DE
SUPRIMENTO ALIMENTAR DIÁRIO
AUMENTOU 24% POR PESSOA.

Desde 1950, o aumento da produtividade agrícola e o comércio internacional fizeram que os preços de produtos alimentícios ajustados pela inflação diminuíssem 75%. Ao mesmo tempo, o acesso a água potável e saneamento cresceu dramaticamente.[12]

Aborto

Apesar da pressão da mídia na sociedade "a favor da escolha", os índices de aborto estão em queda. De acordo com uma pesquisa do Instituto Guttmacher sobre clínicas de abortos, o índice de abortos diminuiu 25% nos Estado Unidos durante os últimos quinze anos.[13] Isso significa que, em 2005, 400 mil bebês deixaram de ser abortados somente nos Estados Unidos em relação a 1990. A boa notícia é que o índice de abortos ainda está caindo drasticamente!

EM 2005, 400 MIL BEBÊS DEIXARAM DE SER
ABORTADOS NOS ESTADOS UNIDOS
EM RELAÇÃO A 1990.

---

[11] GOKLANY, op.cit., p. 21.

[12] Ibid., p. 43-44.

[13] Jones, Rachel K. et al. Abortion in the United States: Incidence and Access to Services. **Guttmacher Institute**, v. 40, n. 1, mar. 2008. Disponível em: <www.guttmacher.org/pubs/journals/4000608.pdf>.

Quero deixar claro que o aborto ainda é o crime mais grave cometido contra a humanidade, e milhões de crianças ainda estão sendo abortadas em todo o mundo. Precisamos continuar lutando em favor dos que ainda não nasceram até que o aborto seja história antiga como a varíola. Mas o que estou destacando é que podemos ver um movimento claro nessa direção.

MAIS PESSOAS VIVERAM NA TERRA
NO ÚLTIMO SÉCULO DO QUE AS QUE NASCERAM
EM TODA A HISTÓRIA ANTERIOR SOMADAS!

Crescimento populacional

Diminuição nos índices de abortos, maior expectativa de vida, redução da mortalidade infantil, menos fome e melhora geral no estado do Planeta resultaram no crescimento dramático da população mundial. No início do século XX, por exemplo, a população da terra era cerca de 1,6 billhão. Hoje somos 7 bilhões de pessoas honrando este planeta com sua presença! Mais pessoas viveram na Terra no último século do que as que nasceram em toda a história anterior somadas! Especialistas dizem que até 2050 haverá 9 bilhões de pessoas vivendo no Planeta.[14] O mais impressionante disso tudo é que por trás de cada número há uma pessoa feita à imagem de Deus.

Vamos analisar algumas outras áreas que alcançaram progresso social e moral.

---

[14] U.S. CENSUS BUREAU. International Data Base. **World Population:** 1950-2050. jun. 2010. Disponível em: <http://www.census.gov/ipc/www/idb/worldpopgraph.php>.

Direitos civis

Quando pensamos sobre a opressão de mulheres em países como o Afeganistão, com frequência esquecemos que até 26 de agosto de 1920 as mulheres nos Estados Unidos não podiam nem votar! Depois de milhares de anos de opressão e domínio do homem, as mulheres estão finalmente conquistando de volta o lugar que Deus lhes deu na sociedade. Quando Deus criou o primeiro casal humano ele o comissionou e, por extensão, a toda a humanidade, a dominar o Planeta (v. Gênesis 1.26-28). Os homens não receberam autoridade sobre a mulher antes da queda no jardim. Contrário à opinião popular, o domínio do homem era parte da maldição, não a ordem original da criação (v. Gênesis 3.16)! Jesus foi crucificado para libertar toda a criação da maldição. Dois mil anos depois, mulheres em todo o mundo estão começando a viver a liberdade que o Salvador comprou para elas na cruz. As mulheres estão abrindo caminho no mercado de trabalho em número recorde. Estão despontando como líderes incríveis nos negócios, na política, na educação, na política e em cada modo de vida e campo de atividade. Até mesmo o Corpo de Cristo está percebendo a necessidade de liderança feminina e de comissionar mulheres para ajudarem a governar nossas igrejas. Vão em frente, garotas!

> As MULHERES ESTÃO ABRINDO CAMINHO NO
> MERCADO DE TRABALHO EM NÚMERO RECORDE.

Uma discussão sobre os direitos civis dos Estados Unidos não seria completa sem falar sobre a luta afro-americana pela liberdade e igualdade. A escravidão foi legal de 1654 até 1863 dentro das fronteiras de grande parte dos Estados Unidos como os conhecemos hoje. Foi somente depois da mais sangrenta guerra da história

Um mundo maravilhoso • **227**

dos EUA que a Declaração de Emancipação de Abraham Lincoln libertou os negros da escravidão, embora a batalha pela liberdade tenha continuado muito depois da vitória na batalha legal. A décima quinta emenda da Constituição garantiu aos homens afro-americanos o direito de votar, declarando que "o direito de votar dos cidadãos dos Estados Unidos não será negado nem abreviado pelos Estados Unidos ou por qualquer outro estado por causa de raça, cor ou condições prévias de servidão". Embora tenha sido ratificada no dia 3 de fevereiro de 1870, a promessa da décima quinta emenda não seria plenamente concretizada por quase um século.

Mais uma vez, o movimento dos direitos civis da década de 1960 estimulado por Rosa Parks e conduzido pelo dr. Martin Luther King Jr. deu continuidade à luta pela igualdade dos cidadãos afro-americanos. O dr. King deu a vida pela luta por direitos iguais para pessoas de todas as cores. Assistir ao presidente Obama fazer o juramento do mais alto cargo no país foi o clímax da história afro-americana até aqui. Mesmo alguém que não tenha votado nele, pode mesmo assim sentir a justiça poética em sua presidência.

Liberdade para votar

Desde o movimento pelos direitos das mulheres e o movimento dos direitos civis, a maioria dos americanos subestimava o direito de voto. Em 1900, país algum assegurava o sufrágio universal (todos os cidadãos adultos terem direito ao voto), e apenas 12,4% da população mundial tinha apenas sufrágio limitado. Hoje, 44,1% da população vive em nações consideradas livres pela Freedom House[15] e outros 18,6% em nações consideradas parcialmente livres.[16]

---

[15]   Organização sem fins lucrativos para promover os direitos humanos, a democracia, a economia de livre mercado e meios de comunicação independentes. [N. do T.]

[16]   Goklany, op.cit., p. 47-49.

Fome espiritual

Ao longo deste capítulo, discutimos um pouquinho as boas notícias no mundo hoje e ainda precisamos mencionar os movimentos espirituais positivos do nosso tempo. Você sabia que mais pessoas estão encontrando Cristo hoje do que em qualquer outra época da história da humanidade? Você sabia que muitos países antes dominados pelo ateísmo, islamismo e budismo estão vivendo avivamentos incríveis? A intensa fome espiritual na China, África e Rússia, por exemplo, está levando a avivamentos sem precedentes. No nosso próprio movimento, vemos literalmente centenas de curas, milagres, salvações e intervenções divinas todos os meses.

Por que as coisas estão piorando?

Então, por que as pessoas estão convencidas de que o mundo está piorando em vez de estar evoluindo? Bem, primeiramente precisamos saber quem está levando essa mensagem negativa. Você acha que uma pessoa com a mente aberta realmente acredita que o mundo está piorando para as mulheres? E quanto aos afro-americanos? Como eles responderiam a esta pergunta: "Sua raça está pior hoje do que estava cem anos atrás?". Os russos estão melhor hoje do que sob o comunismo? Ou o mundo era um lugar melhor sob a tirania de Hitler, Stalin e Saddam Hussein?

VOCÊ ACHA QUE UMA PESSOA COM A MENTE ABERTA
REALMENTE ACREDITA QUE O MUNDO
ESTÁ PIORANDO PARA AS MULHERES?

Se os menores cristãos no Reino de Deus são superiores ao maior dos profetas(João Batista) que já viveu sob a antiga aliança, então pelo menos sabemos que quem recebe Cristo hoje está em melhor situação do que nos tempos antigos (v. Mateus 11.11). Se Cristo morreu para despojar o Diabo e deu toda autoridade à Igreja, então concluímos que o mundo está melhor hoje do que antes da vitória de Cristo na cruz (v. Colossenses 2.13-15; Efésios 1.18-23).

Você não está entendendo!

"Tudo bem", você diz, "eu cedo. Mas você está ignorando os principais pecados do nosso tempo. E quanto à homossexualidade, às seitas e ao ocultismo? Elas não estão tomando conta do mundo?". Bem, reflita um momento. O primeiro assassinato aconteceu quando só havia quatro pessoas no mundo. Então, quando Caim matou Abel, o índice de assassinato subiu instantaneamente para 25%. E, contradizendo a opinião popular, o homossexualismo não começou em San Francisco; está relatado na Bíblia. Era tão predominante que uma das palavras para perversão sexual vem de uma cidade bíblica, Sodoma.

Você acha que a corrupção política começou com o Watergate? Você já ouviu a história do relacionamento adúltero de Davi (o homem segundo o coração de Deus) com Bate-Seba e o assassinato do marido dela, Urias? Você já percebeu que 80% dos reis de Israel listados na Bíblia eram maus?

Acha que as falsas religiões começaram com o movimento Nova Era? Você não leu os relatos de adoração a Baal e as crianças que foram sacrificadas nos altares no Antigo Testamento? Está ciente de que os paranormais de hoje eram os sátrapas dos tempos de Daniel? Acha que a mitologia grega era menos destrutiva do que o mormonismo, as testemunhas de Jeová ou o islã? Talvez os bons velhos tempos não fossem tão maravilhosos como gostamos de contar.

230 • Chuva Abundante

O mundo é um lugar mais perigoso hoje

"Certo, mas não é verdade que com a invenção da bomba atômica o mundo passou a ser um lugar muito mais perigoso?" A resposta para essa pergunta é sim... e não. É claro que até um imbecil precisa reconhecer que é a primeira vez na História que a humanidade, literalmente, tem capacidade para destruir o Planeta. Se algum maluco começar uma guerra nuclear, todos os fatos deste capítulo *se tornariam* instantaneamente irrelevantes.

Por outro lado, durante séculos, ditadores violentos aniquilaram países mais fracos, pilhando o povo e destruindo cidades. Tiranos como Alexandre, o Grande, Júlio César, Adolf Hitler, Napoleão, Joseph Stalin, Vladimir Lenin e Gêngis Khan estavam determinados a governar o mundo esmagando a oposição com seu poderio militar. Esses homens governaram seus impérios com mão de ferro, cometendo atrocidades inimagináveis contra seus inimigos e muitas vezes aterrorizando seus próprios cidadãos.

Contudo, estranhamente, desde a invenção da bomba atômica e da demonstração de sua capacidade destrutiva, os tiranos têm sido mantidos sob controle por saberem que seus atos de agressão poderiam resultar em seu país ser arrancado do mapa. E, mesmo que o opressor tenha armas nucleares, atacar outra nação protegida pelo mesmo arsenal seria uma situação em que todos saem perdendo. Quando a batalha acaba e a nuvem em forma de cogumelo finalmente se dissipa, não há mais nada para governar.

Depois que Adolf Hitler tentou conquistar o mundo, as nações foram motivadas a trabalharem juntas para barrar tiranos e promover a paz mundial. A ONU foi fundada em 1946 com o objetivo de garantir a segurança internacional e proteger os direitos humanos. Embora essa jovem organização com frequência não tenha cumprido muito bem sua missão (por exemplo, em Ruanda as forças de paz da ONU deixaram o país durante o genocídio, permitindo que, em três meses, 1 milhão de pessoas fossem massacradas), é um grande passo no processo de um mundo melhor e mais seguro.

O anticristo está vindo!

Ao escrever este capítulo, estou ciente de que um grande número de cristãos está convencido de que qualquer forma de globalização cooperativa é a preparação para o governo mundial do anticristo, que será seguido pela marca da besta e chegará ao clímax na batalha de Armagedom. Você sabia que a ideia de um governo mundial do anticristo ensinada é fundamentada essencialmente em três passagens das Escrituras? São elas:

> "Como viste, os pés e os dedos eram em parte de barro e em parte de ferro. Isso quer dizer que esse será um reino dividido, mas ainda assim terá um pouco da força do ferro, embora tenhas visto ferro misturado com barro. Assim como os dedos eram em parte de ferro e em parte de barro, também esse reino será em parte forte e em parte frágil" (Daniel 2.41,42).

> "Então me aproximei de um dos que ali estavam e lhe perguntei o significado de tudo o que eu tinha visto. Ele me respondeu, dando-me esta interpretação: 'Os quatro grandes animais são quatro reinos que se levantarão na terra. Mas os santos do Altíssimo receberão o reino e o possuirão para sempre; sim, para todo o sempre'. Então eu quis saber o significado do quarto animal, diferente de todos os outros e o mais aterrorizante, com seus dentes de ferro e garras de bronze, o animal que

232 • Chuva Abundante

despedaçava e devorava suas vítimas, e pisoteava tudo o que sobrava. Também quis saber sobre os dez chifres da sua cabeça e sobre o outro chifre que surgiu para ocupar o lugar dos três chifres que caíram, o chifre que tinha olhos e uma boca que falava com arrogância. Enquanto eu observava, esse chifre guerreava contra os santos e os derrotava, até que o ancião veio e pronunciou a sentença a favor dos santos do Altíssimo; chegou a hora de eles tomarem posse do reino. Então ele me deu a seguinte explicação: 'O quarto animal é um quarto reino que aparecerá na terra. Será diferente do todos os outros reinos e devorará a terra inteira, despedaçando-a e pisoteando-a. Os dez chifres são dez reis que sairão desse reino. Depois deles outro rei se levantará, e será diferente dos primeiros reis. Ele falará contra o Altíssimo, oprimirá os seus santos e tentará mudar os tempos e as leis. Os santos serão entregues nas mãos dele por um tempo, tempos e meio tempo" (Daniel 7.16-25).

Então o dragão se pôs em pé na areia do mar. [...] Vi uma besta que saía do mar. Tinha dez chifres e sete cabeças, com dez coroas, uma sobre cada chifre, e em cada cabeça um nome de blasfêmia [...]. Foi-lhe dado poder para guerrear contra os santos e vencê-los. Foi-lhe dada autoridade sobre toda tribo, povo, língua e nação (Apocalipse 12.18; 13.1,7).

Você encontrou o governo mundial do anticristo nessas passagens? Bem, aparentemente deveria, pois esses são os principais versículos das Escrituras que fazem que milhares de cristãos

Um mundo maravilhoso • **233**

resistam à ideia das nações trabalhando juntas para o bem comum da população mundial. Sou só eu ou você também acha que alguém precisaria ter uma imaginação muito fértil (ou uma ideia preconcebida) para tirar um governo mundial do anticristo desses versículos? Tenho uma luta com cristãos que põem suas ideias na Escritura, especialmente de uma forma que questione a Grande Comissão e a Oração do Pai-nosso.

MUITOS CRISTÃOS DESENVOLVERAM UMA

UMA VISÃO TEOLÓGICA QUE DIZ

"POUCO IMPORTA O QUE VOCÊ FAÇA OU DEIXE DE FAZER".

O mundo está amaldiçoado

Muitos cristãos desenvolveram uma visão teológica que diz "pouco importa o que você faça ou deixe de fazer". Estão tão convencidos de que o mundo "deve piorar" para a volta de Jesus que parecem estar isolados em uma pequena ilha, perdidos entre "vocês ouvirão falar de guerras e rumores de guerras" (Mateus 24.6) e "Quando disserem: 'Paz e segurança', a destruição virá sobre eles de repente" (1 Tessalonicenses 5.3). Se esses dois versículos das Escrituras constituem todo o seu modelo escatológico, então, basicamente, é como se você tivesse duas caixas para colocar todas as notícias do mundo: más notícias vão para a caixa "tudo precisa piorar" e notícias boas são classificadas na caixa "se tudo parece estar bem, a destruição está a caminho".

Como teremos fé para a restauração das nações (v. Isaías 61.4), para fazer discípulos de *todas* as nações (v. Mateus 28.19), para destruir as obras do Diabo (v. 1 João 3.8) e fazer obras (milagres) maiores do que Jesus fez se só aceitarmos algumas porções das Escrituras como sendo todo o conselho de Deus?

234 • CHUVA ABUNDANTE

Reflexões finais

Como destaquei no capítulo anterior, não estou alegando ter todas as respostas. Com certeza não tenho. Mas descobri que pessoas que pensam ter todas as respostas geralmente não entenderam as perguntas. Os desafios que enfrentamos hoje são complexos e não serão resolvidos por uma pessoa nem respondidos em um livro.

> DESCOBRI QUE AS PESSOAS QUE PENSAM
> TER TODAS AS RESPOSTAS GERALMENTE
> NÃO ENTENDERAM AS PERGUNTAS.

Contudo, acredito que a sabedoria vem ao explicarmos a realidade. Pilatos perguntou a Jesus: "O que é a verdade?" (João 18.38). Ele não estava perguntando: "O que a Bíblia diz?". Não, nessa frase a palavra grega para "verdade" significa "real". Pilatos estava literalmente perguntando a Jesus: "O que é real?". Não podemos definir a realidade se não a questionarmos!

> NÃO PODEMOS DEFINIR A REALIDADE
> SE NÃO A QUESTIONARMOS!

Preciso admitir que nestes dias críticos em que vivemos, muitas vezes me vejo fazendo a mesma pergunta que Pilatos fez a Jesus quando precisava tomar a decisão mais importante da vida dele (se deveria crucificar o Cristo ou não). Pilatos finalmente entendeu, mas era tarde demais. O melhor que podia fazer era lavar as mãos (v. Mateus 27.24).

> ### Durante a Guerra Civil Americana, muitos cristãos devotos lutaram *pela* (a favor da) escravidão.

Durante a Guerra Civil Americana, muitos cristãos devotos lutaram *pela* (a favor da) escravidão. Esses cristãos pegaram textos das Escrituras como a epístola de Paulo aos Colossenses para dizer que tinham o direito dado por Deus de escravizar as pessoas: "Escravos, obedeçam em tudo a seus senhores terrenos, não somente para agradá-los quando eles estão observando, mas com sinceridade de coração, pelo fato de vocês temerem o Senhor" (Colossenses 3.22). "Senhores, deem aos seus escravos o que é justo e direito, sabendo que vocês também têm um Senhor nos céus" (Colossenses 4.1).

Infelizmente, eles entenderam errado, e 620 mil pessoas morreram em uma guerra civil para esclarecer as coisas.

Minha visão

Estava deitado no chão da nossa casa de oração em 2004, buscando o Senhor, quando, de repente, tive uma visão que me levou cem anos adiante. Encontrei-me em pé perto de um homem idoso em uma sala de estar de uma grande e bem decorada mansão. Eu podia vê-lo, mas ele não podia me ver. Parecia o Dia de Ação de Graças ou algo semelhante — a casa estava perfumada com o odor de tortas assando no forno, e o entusiasmo de uma grande reunião de família estava no ar. Os adultos estavam conversando e rindo, e as crianças brincavam. O senhor mais idoso estava cercado por várias gerações da família, todos ouvindo atentamente enquanto ele contava histórias animadamente, refletindo sobre o passado como as pessoas idosas fazem com frequência. Então, algo aconteceu.

236 • Chuva Abundante

O tom de voz mudou, e sua face ficou séria, como se estivesse prestes a compartilhar algo muito importante. Seus olhos se encheram de lágrimas enquanto ele olhava ao longe, como se tentasse lembrar algum segredo que lhe contaram muito tempo antes. A sala ficou em silêncio, e mais pessoas se aproximaram, inclinando-se para ouvir cada palavra.

Ele começou a lhes falar sobre suas nobres raízes e sua herança real, fitando os olhos de cada um deles como se estivesse procurando a grandeza em sua alma. Falou sobre o alto preço que seus antepassados tiveram de pagar para obter tal favor, riqueza e influência com Deus e com o homem. Mas foi o que ele fez em seguida que me surpreendeu. Apontou para uma majestosa lareira de pedra que se elevava 9 metros em direção ao teto abobadado. Olhei sobre a prateleira da lareira, onde pendia um belo retrato de Kathy e eu. Fiquei sem fôlego com o final da explicação: "Tudo isso começou com a tataravó e o tataravô de vocês!".

Imediatamente a visão terminou, enquanto eu lutava para organizar os pensamentos. Em seguida ouvi uma voz trovejante falar a meu espírito: "Os filhos dos filhos dos seus filhos dependem de você lhes entregar um mundo em avivamento. Você não deve mais viver por um ministério. Deste dia em diante, deve viver para deixar um legado!".

Uma chuva abundante está chegando e inundará todo o Planeta. Como será quando Deus derramar seu Espírito sobre todos os povos? Todo este livro foi dedicado a vermos e tomarmos posse da visão de Deus para o futuro. Não podemos correr o risco de entender errado. Se interpretarmos mal o desejo de Deus para o futuro, serão os filhos dos filhos dos nossos filhos que pagarão o preço mais alto por nosso erro. Por outro lado, se entendermos corretamente, poderemos ser os catalisadores do maior avivamento da história do mundo. QUE VENHA A CHUVA!

SE INTERPRETARMOS MAL O DESEJO DE DEUS PARA O FUTURO, SERÃO OS FILHOS DOS FILHOS DOS NOSSOS FILHOS QUE PAGARÃO O PREÇO MAIS ALTO POR NOSSO ERRO. POR OUTRO LADO, SE ENTENDERMOS CORRETAMENTE, PODEREMOS SER OS CATALISADORES DO MAIOR AVIVAMENTO DA HISTÓRIA DO MUNDO.